阅读世界文学巨匠系列

08

圆满主义者

泰戈尔

魏丽明等————著

华中科技大学出版社
http://press.hust.edu.cn
中国·武汉

图书在版编目（CIP）数据

圆满主义者：泰戈尔 / 魏丽明等著 . —— 武汉：华中科技大学出版社，2024.1
（阅读世界文学巨匠系列）
ISBN 978-7-5772-0192-4

Ⅰ . ①圆… Ⅱ . ①魏… Ⅲ . ①泰戈尔 (Tagore, Rabindranath 1861–1941) —传记
Ⅳ . ① K833.515.6

中国国家版本馆 CIP 数据核字（2023）第 213135 号

圆满主义者：泰戈尔   魏丽明等　著
Yuanman Zhuyizhe：Taigore

策划编辑：亢博剑　伊静波　孙　念
责任编辑：孙　念
责任校对：林凤瑶
责任监印：朱　玢
封面设计：璞茜设计
出版发行：华中科技大学出版社（中国·武汉）　　　电话：（027）81321913
　　　　　武汉市东湖新技术开发区华工科技园　　　邮编：430223
印　　刷：湖北新华印务有限公司
开　　本：880mm×1230mm　1/32
印　　张：7.125
字　　数：172 千字
版　　次：2024 年 1 月第 1 版第 1 次印刷
定　　价：39.80 元

序

文明互鉴 求同存异

迫于泰西的坚船利炮和千年未有之大变局，洋务运动拉开了改良的序幕。但囿于技不如人，且非一朝一夕可以赶超，一些仁人志士又被迫转向上层建筑和世道人心。及至"百日维新"，新国家必先新风气、新风气必先新文学被提上日程。这也是五四运动借文学发力，"别求新声于异邦"的主要由来。

是以，从古来无史、不登大雅的文学着手，着眼点却在改天换地：梁启超发表《论小说与群治之关系》等檄文，陈独秀、瞿秋白、鲁迅、胡适等前赴后继，文学革命蔚然成风，并逐渐将涓涓细流汇聚成文化变革的浩荡大河。

用习近平总书记的话说，"文化是一个国家、一个民族的灵魂。文化兴国运兴，文化强民族强。没有高度的文化自信，没有文化的繁荣兴盛，就没有中华民族伟大复兴。"而文学始终是狭义文化的中坚。因此，习近平总书记历来高度重视文学发展和文明互鉴，《在文艺工作座谈会上的讲话》发表后不久，又提出了"不忘本来，吸收外来，面向未来"，此乃大同精神所自也、最大公约数所由也。如是，"建设文化强国"写进了我国的"十四五"规划，这不仅彰显了文化自信，而且擢升了文化强国的动能。

一

《周易》云："观乎天文，以察时变；观乎人文，以化成天下。"所谓人文化成，文化在中华传统思想中几乎是大道的同义词。中国特色社会主义文化源自中华民族五千年文明历史所孕育的中华优秀传统文化。创造性继承和创新性发展传统文化不仅是民族生生不息的精神命脉，而且也是涵养社会主义核心价值观的源头活水，更是我们在世界文化激荡变幻中站稳脚跟的坚实基础。同时，海纳百川地吸收世界优秀文化成果不仅是不同国家和人民之间交流的需要，也是提升个人修养的妙方。所谓"他山之石，可以攻玉"，早在汉唐时期，兼收并蓄、取长补短便是中华文化、中华民族繁荣昌盛的不二法门。

习近平总书记又在《习近平谈治国理政》第三卷中明确提出，"我将无我，不负人民"。多么令人感奋的誓言！这是对"天下为公"和"为人民服务"思想的现实阐发，也让我想起了老庄思想中遵循"天时""人心"的原则。由是，人类命运共同体理念尊崇最大公约数：除基本的民族立场外，还包含了世界各民族自主选择的权利。这是两个层面的最大公约数，与之对立的恰恰是不得人心的单边主义和霸权主义。

作为人文学者，我更关注民族的文化精神生活。诚所谓"有比较才能有鉴别"，中华文化崇尚"穷则独善其身，达则兼济天下"，乐善好施、谐和万邦；同时，中华文化又提倡天人合一、因地制宜。当然，中华文化并非一成不变，更非十全十美。因此，见贤思齐、有容乃大也是我们必须坚持的基本信条之一，闭关自守、夜郎自大将导致悲剧和苦果。当前，我国文化与世界各国文化的交流方兴未艾，学术领域更是百花齐放，呈现出前所未有的多样性和丰富性。这充分显示了我国的开放包容和建构人类命运共同体的美好愿景。自"百日维新"和五四运动以降，我国摒弃了文化自足思想，从而使"西学东渐"达到了空前的高度。具体说来，二百年"西学东渐"不仅使我们获得了德先生和赛先生，而且大大刺激了我们麻木已久的神经。于是，马克思主义、人道主义、女权主义、生态思想等众多现代文明理念得以在中华大地发扬光大。

西方的崛起也曾得益于"东学西渐"。设若没有古代东方的贡献，古希腊罗马文化的发展向度将不可想象，"两希文明"也难以建立。同样，在中古时期和近代，如果没有阿拉伯人通过"百年翻译运动"给西方带去东方文明成果（其中包括我国的"四大发明"），就没有文艺复兴运动和航海大发现。

总之，丰富的文化根脉、无数的经验教训和开放包容的心态不仅使中华民族在逆境中自强不息，而且自新中国成立，尤其是改革开放和新时代以来，也益发奠定了国人求同存异的民族品格。

二

人说不同民族有不同的文化，后者就像身份证。而我更乐于用基因或染色体比喻文化。大到国家民族，小至个人家庭，文化是精神气质，是染色体，是基因。它决定了各民族在国际交往中既有发展变化，又不易被淹没的活的魂灵。

如今平心而论，我们依然是发展中国家。硬件上尚有不少"卡脖子"的问题，软件和细节方面就更不必说。我们需要向西方学习和借鉴的地方还有很多。而文学艺术不仅是世道人心的载体，也是文明互鉴中不可或缺的航标。

前辈钱锺书先生一直相信"东海西海，心理攸同；南学北学，道术未裂"。古人则有"夫以铜为镜，可以正衣冠；以史为镜，可以知兴替；以人为镜，可以明得失"之谓。人需要借镜观形、换位思考、取长补短，民族、国家亦然。

有鉴于此，我真诚地祝愿阅读世界文学巨匠系列丛书顺利出版，祈中华文化在吐故纳新、温故知新、不断鼎新中"苟日新，日日新，又日新"。

中国社会科学院学部委员，外国文学研究所原所长，
中国外国文学学会会长，第十二、十三届全国政协委员
陈众议

匿名的共同体与"回家的召唤"

24 年前，费孝通先生首次提出文化自觉的概念，包含着两层意思：首先，要对自己的文化追根溯源、把握规律、预示未来；其次，不断与异文化交流并尊重差异，携手共同发展。这一概念的提出时值全球一体化之初，借由他者体认自我的意识不可谓不高瞻远瞩。

今时今日，我们说不同文明之间要平等对话、交流互鉴、相互启迪，前提便是高度的文化自觉：知自我从何而来、到何处去，知不同于我者为差异及补充。

但具体而言，自我体认如何与他者相关？可试从我熟悉的翻译说起。

几近一百年前，1923 年，自称"在土星的标志下来到这个世界"的本雅明将法国诗人波德莱尔的《巴黎风貌》译为德文，并撰写了译序，题为《译者的任务》。在这篇译序中，本雅明谈翻译，实际上也在谈认知及语言。明面上，本雅明主要阐述了三个问题：

其一，文学作品是否可译；其二，如果原作者不为读者而存在，我们又如何理解不为读者而存在的译作；其三，翻译的本质为何。

为此，本雅明打了一个比方。他将文字比作树林，将作者看作入林的行路者，而译者则是林外纵观全局、闻语言回声之人。文学作品如若绕圈打转，所及无非枯木，向上无以萌芽刺破天空，向下无根系网织土壤、吸收营养、含蓄水分，又何来可译的空间？可译不可译的问题便化为有无翻译的空间及价值的判断。文林呼唤作者入内，作者受了文林的吸引而非读者的呼唤，而文林又非无动于衷的死物，始终在生长、变化，身于林外的译者眼见这一错综复杂的变迁，所领略的只能是变化的共同体——原作"生命的延续"，也非读者的期待。翻译，便是无可奈何地眼见原作的变化、语言间的差异，"在自身诞生的阵痛中照看原作语言的成熟过程"，真正的翻译，因为表现出语言的变化以及不同语言之间的互补关系，自然流露出交流的渴望。

若非差异，若非差异构建的空间广阔，若非差异空间的变化与生长之永恒，何来交流之必要，又何谈翻译？

四十多年后，法国作家布朗肖批判性地阅读了本雅明的《译者的任务》，写下了《翻译》一文。布朗肖说，翻译确实可贵，文学作品之所以可译，也的确因为语言本身的不稳定性与差异，"所有的翻译栖息于语言的差异，翻译基于这一差异性，虽然从表面看似乎消除了差异"。但是，作为母语的他者，外语唤醒的不仅仅是我们对差异的感知，更重要的，还有陌生感。对于我们早已习以为常的母语，因为外语的比对，我们竟有如身临境外偶然听到母语一般，忽然之间竟有一种陌生的感觉，仿佛回到了语言创造之初，触及创造的土壤。

20世纪20年代，德国作家本雅明阅读、译介法国作家波德莱尔，写下了世界范围内影响至深的《译者的任务》。20世纪70年代，法国作家布朗肖批判性阅读德国作家兼翻译家本雅明的《译者的任务》，写下《翻译》，影响了一代又一代后现代主义的代表人物。可见，翻译不仅从理论上，更是在有血有肉的实践中解释并促进着跨文化的交流与不同文明的互鉴。

文之根本，在于"物交杂"而变化、生长，文化之根本在于合乎人类所需又能形成精神符号，既可供族群身份认同，又可以遗产的方式薪火相传。简单说，文化更似一国之风格。阅读世界文学巨匠系列丛书，具有启迪性的力量，首辑选取了10国10位作家，有荷马（希腊文）、塞万提斯（西班牙文）、但丁（意大利文）、卡蒙斯（葡萄牙文）、歌德（德文）、雨果（法文）、普希金（俄文）、泰戈尔（孟加拉文）、马哈福兹（阿拉伯文）、夏目漱石（日文）——一个个具有精神坐标价值的名字，撑得起"文学巨匠"的名头，不仅仅因为国民度，更因为跨时空的国际影响。我们的孩子从小便从人手一本的教科书或课外读物中熟悉他们的名字与代表性作品，从某种程度上来说，他们的风格似乎代表了各国的风格。当哈罗德·布鲁姆谈文学经典所带来的焦虑时，同时表达着文化基因的不可抗拒性。进入经典殿堂的作品及作家，表现、唤醒并呼唤的正是典型的文化基因。当我们比对普希金、歌德、夏目漱石、泰戈尔及其作品时，比对的更像是俄罗斯、德国、日本、印度及其精神、文化与风骨。伟大的作品往往没有自己的姓名，匿名于一国的文化基因，似乎将我们推向文化诞生之初，让我们更接近孕育的丰富与创造的可能。在这一基础上，如上文所说，作为文化的他者，他国的文学巨匠将唤醒我们对于自身文化的陌生感，让我们离文化的诞生之地又近了一步。

至于文明，则是社会实践对文化作用的结果，作为一国制度及社会生活成熟与否的尺度及标准，不同文明有着各自更为具体的历史、人文因素与前行的目标。尊重文化间的差异，鼓励不同文化的平等对话与交流互鉴，既是文明的表现，更是文明进一步繁荣的条件。差异构建的多元文明相互间没有冲突，引发冲突的是向外扩张的殖民制度与阶级利益，极力宣扬自我姓名甚至让其成为法令的也是殖民制度与阶级利益，而非文明。24 年前，费孝通先生所畅想的美美与共的人类共同体，便是基于文明互鉴的匿名的共同体。

差异与陌生引领我们步入的并非妥协与殖民扩张之地，而是匿名于"世界"与"国际"的共同体。

我们试图从翻译说起，谈他者之于文化自觉与文明互鉴的重要性，也谈经典之必要，翻译之必要，因为正如本雅明所说，"一切伟大的文本都在字里行间包含着它的潜在的译文；这在神圣的作品中具有最高的真实性。《圣经》不同文字的逐行对照本是所有译作的原型和理想。"而今，摆在我们面前的这套丛书，集翻译、阐释、文化交流与文明互鉴为一体，因为更立体的差异与更强烈的陌生感，或许可以成为作品、文化与文明创造性的强大"生命的延续"。

最后，仍然以本雅明这一句致敬翻译、文化交流与文明互鉴的努力：有时候远方唤起的渴望并非是引向陌生之地，而是一种回家的召唤。

浙江大学文科资深教授、中国翻译协会常务副会长
许钧
2021 年 4 月 7 日于南京黄埔花园

国际大学玻璃屋

১৩২২

শ্রীচরণকমল ভিখারি—

তোমরা এবার
আসচ না কেন? দেখা হবে না?
আমি তোমার ৫০ টাকার চিঠি পাইনি,
হরিশ ইহার খবর দিবে কি?
তুলসীমহারাজের কাছ পাঠিয়ে দিবেন।
তাঁহাকে দিলাম—ইহার আমার
দরং। ইতি ১১ই জ্যৈষ্ঠ ১৩২২

শ্রীরবীন্দ্র
শ্রীরবীন্দ্রনাথ ঠাকুর

泰戈尔手稿

泰戈尔画作（一）

泰戈尔画作（二）

泰戈尔博物馆馆藏手稿

泰戈尔

CONTENTS

目　录

导言

为什么今天我们还要读泰戈尔?

　　罗宾德拉纳特·泰戈尔（রবীন্দ্রনাথ ঠাকুর, Rabindranath Tagore, 1861—1941）是世界历史上一颗璀璨的文化巨星，被誉为"世界诗人""世界公民"，他的一生照亮了黑夜，丰富了人类的精神世界。

　　1861年5月7日，泰戈尔出生于印度加尔各答，1941年8月7日在祖宅朱拉萨迦（Jorasanko）与世长辞，享年八十岁，他的创作生涯长达七十余年，作品涉猎文学、音乐、绘画、教育、哲学等多个领域，影响力持久恒新。他创办的印度国际大学更是成为他理想的承载体，是一个实现人类多元文化共存的"世外桃源"。

　　在中国，泰戈尔的文学作品已被选入小学、中学和大学的教材，《泰戈尔诗选》还是教育部推荐的大学生必读的文学作品。泰戈尔全名是罗宾德拉纳特·泰戈尔，泰戈尔是他的姓，他的名字的孟加拉文原意是"沐浴阳光的因陀罗天神"，他的小名是"罗比"（Rabi），也有太阳的意思，寄托着他的父亲给他取名时的期待：希望他的人生能够像太阳一样光彩照人。

作为第一位获得诺贝尔文学奖的印度、亚洲和东方作家，泰戈尔也是中国与南亚地区文学文化交流史上最重要的代表人物之一。他不仅在文学领域取得了举世瞩目的非凡成就，在其他领域也创造出了辉煌成就，他的真知灼见也日益为世人所知。正如孟加拉国泰戈尔大学①校长、达卡大学孟加拉文系教授比斯瓦吉德·高士（বিশ্বজিৎ ঘোষ，1957— ）所说："'泰戈尔之树'的树根不可避免地嵌入我们生活的深处。泰戈尔独特的生活哲学、浩瀚的文学创作宝库和开明的世界观在跨越一个多世纪的时间里一直感动、吸引、启发和激励着孟加拉人。"②

如果把世界文学史比作绵延全球的群山峻岭，那泰戈尔无疑是高峰之一。他作为一位世界诗人，爱好文学的人无人不知、无人不晓。泰戈尔一生用三种语言创作：孟加拉文、英文和 Brajabuli③。他创作了 66 部诗集（约 11 万余行）、96 篇短篇小说、6 部中篇小说、9 部长篇小说、80 多个剧本及大量散文。此外，泰戈尔还有大量的游记、书信、演讲等，他几乎涉猎了文学艺术创作中的各种体裁。不仅如此，

---

① 2017 年 5 月成立的泰戈尔大学（Rabindra Bharati University）是孟加拉国政府建立的第一所以泰戈尔名字命名的大学。该大学目前共有艺术系、社会学系、商学系和音乐舞蹈系，并专门开设了"泰戈尔研究"的专业。达卡大学孟加拉文系教授比斯瓦吉德·高士是该大学的第一任校长。
② বিশ্ব জিৎ ঘোষ, "বাংলাদেশে রবীন্দ্রচর্চা", অশেষ রবীন্দ্রনাথ, ঢাকা: নান্দনিক, ২০১৪, পৃ. ২২১।
③ 印地语的一种方言，通用于印度北部城市马德拉周边。

圆满主义者：泰戈尔

他在社会改革、乡村发展、教育、政治、哲学、艺术等领域也形成了自己独特的思想，对当时和当今的世界都产生了很大的影响。

作为一位教育家，他创办的印度国际大学于 2021 年迎来了百年校庆。作为一位乡村建设者，他的斯里尼克坦乡村成为全球乡村建设的典范，具有全球影响力。作为一位创作了 2300 余首词曲的作者，他的歌一直被传唱至今，"印度音乐的现代发展肇始于世界著名的印度诗人、作家和画家罗宾德拉纳特·泰戈尔的歌曲"。泰戈尔对于印度音乐的看法"抓住了印度社会的精髓"。①他创作的《人民的意志》和《金色的孟加拉》分别作为印度和孟加拉国的国歌，一直激励着两国人民的爱国热情。作为一位画家，他创作的 2000 余幅画作在世界各地的影响力正在日益提升。作为旅行家，他的足迹遍布 34 个国家，他的大量游记再现了他对世界的热爱、对世界和平的期盼。作为一位科普作家，他在 76 岁高龄之时写就的心血之作《认识宇宙》用深入浅出、形象生动的文学语言，向普罗大众娓娓道出当时世界最新的科学发现。最难能可贵的是，泰戈尔的一生就是激发和呈现自己艺术潜能的一生。虽然他从小辍学，在家自学，在英国留学也没有拿到学位，但他没有辜负自己的艺术才华，不仅成为一位赫赫有名的作家，还集音乐家、画家、歌者、演员、编辑、翻译家、社会活动家、旅行家等多重身份于一身。

从泰戈尔一生的创作和追求来看，他的人生之所以如此丰富多彩，

---

① A.L. 巴沙姆主编. 印度文化史. 商务印书馆，1997 年，第 348-349 页。

最根本的原因在于他内心执着的信念：终其一生，他都在追求功德圆满"पूर्णता（purnatā）"，并视之为人类前进的目标，认为人类最终将"朝着友谊的方向、爱的方向、大梵天的方向去获得重生"。泰戈尔一生都在呼吁将所有人类的利益视为一个整体。泰戈尔的"圆满主义"精神正是人类最需要的：呼吁人类团结起来，激发生命潜能，去面对世界的风云变幻，淡定从容地坚守人类的理想。

2020 年，疫情肆虐，举世不安。在人们的行动受限时，可以遨游天地的只能是思想和灵魂。在世界秩序恢复之际，深度思考"百科全书式"的"先知""先觉""圣哲""世尊"——泰戈尔之于个体、民族、国家、人类乃至世界的意义，也许是一个了解世界和人类的新契机。想起这个世界上曾有泰戈尔这样伟大的思想家和为了实现理想不懈努力的实干家，了解他知行合一的一生，欣赏他丰富多彩的作品，走进他浩瀚深邃的精神世界，读者的信心和希望会重新被激起和点燃。

仅以爱因斯坦和泰戈尔的对话为个案，两位伟大的时代人物，他们对于真、善、美的信念，无疑会给人类带来启迪。爱因斯坦说："照亮我的道路，而且一次又一次赋予我新的勇气，让我充满欢乐地直面生活的理想，一直就是善、美和真。"这一认识对于人类的意义毋庸置疑，泰戈尔和爱因斯坦交流时，他的回应也振聋发聩：

"我们的灵魂的进步，就像一首完美的歌。它蕴涵着一种无限的理想，而这一理想一旦被人们认识，就会使所有的运动充满意义和欢乐。然而，倘若我们使它的运动脱离那一终极理念，倘若我们看不到无限的休憩而仅看到无限的运动，那么，对我们而言，存在就似乎是一种巨大的恶，正在鲁莽地冲向一种无穷无尽的没有目标的境地。"[1]

人的灵魂虽然受到各种局限，却一样渴望千年之禧，追寻看似不可得的自由解放；经常出现的灵感也向我们证明，所有真、善、美的体验都是真真切切的存在。

康德说过，美学是他整个哲学体系建筑的"顶盖"，而在泰戈尔的思想体系中，美学则是他的哲学、伦理学及宗教思想的基石。泰戈尔美学思想的核心是和谐，他认为和谐与完美是宇宙的规则，也是他观察、欣赏宇宙自然乃至发现美和创造美的准则。

在中印、中孟交流的历史画卷中，泰戈尔就是一个重要的友谊桥梁。为加强中国和印度两大文明的理解和互动，泰戈尔在和平乡一手创建的国际大学中专门开设了中国学院。在国际大学中国学院首届开学典礼的讲话中，泰戈尔热情赞扬中国优秀的文化："优秀的文化精神，使中国人民无私地钟爱万物，热爱人世的一切；赋予他们善良谦和的秉性……他们本能地抓住了事物的韵律的奥秘，即情感表现的奥秘……我羡慕他们，但愿印度人民能分享这份礼品。"[2]在这次讲话中，泰戈尔也提到他建立国际大学的初衷，即他对不同文化文明间的交流、互鉴的看法："差异永远不会消除，没有差异，生命反倒羸弱。让所

---

① A.L. 巴沙姆主编.印度文化史.商务印书馆，1997年，第348-349页。
② 泰戈尔著.中国和印度.白开元译.见：刘安武、倪培耕、白开元主编.泰戈尔全集，河北教育出版社，2000年，第二十四卷，第450页。

有种族保持各自的特质，汇合于鲜活的统一之中，而不是僵死的单一之中。"①泰戈尔对于文化交流的思想和我国倡导"亚洲命运共同体"的初衷不谋而合。"交流互鉴是文明发展的本质要求。文明交流互鉴应该是对等的、平等的，应该是多元的、多向的，而不应该是强制的、强迫的，不应该是单一的、单向的。我们应该以海纳百川的宽广胸怀打破文化交往的壁垒，以兼收并蓄的态度汲取其他文明的养分，促进亚洲文明在交流互鉴中共同前进。"②

季羡林先生也说："泰戈尔和中国有特别密切的关系。他一生的活动对加强中印两国人民的友谊和文化交流，做出了巨大的贡献。他还亲身访问过中国，也曾邀请中国学者和艺术家到印度去访问，从而促进了两国人民的相互了解。这种相互的访问播下了友谊的种子，一直到今天，还不断开出灿烂的花朵。"③

诺贝尔文学奖颁奖词中写道，泰戈尔"正打算致力于调和东西半球迥然相异的两种文明。两种文明之间的隔阂首先是我们这个时代的典型特征，同时也是我们这个时代面临的最重要的任务和问题"。④泰戈尔一生都在致力于这一"伟大事业"⑤，极具前瞻性地提出世界

---

① 泰戈尔著.中国和印度.白开元译.见：刘安武、倪培耕、白开元主编.泰戈尔全集，河北教育出版社，2000 年，第二十四卷，第 446 页。
② 2019 年 5 月习近平主席在北京举办的"亚洲文明对话大会"开幕式上发表的主旨演讲.http://www.xinhuanet.com/politics/leaders/2019-05/15/c_1124499008.htm.
③ 季羡林.季羡林文集.江西教育出版社，1996 年，第五卷，第 181 页。
④ https://www.nobelprize.org/.
⑤ Suryakanthi Tripathi, Radha Chakravarty, ed: Tagore the Eternal Seeker Footprints of a World Traveller, New Delhi: Vij Books India Pvt Ltd, 2015, p iv.

大同、合作包容、和谐发展的理念。当今社会，泰戈尔的思想与理念多次被挖掘，新时代下重新认识泰戈尔对当今社会仍然具有重要的启示意义。正如本·琼生（Ben Jonson）评价莎士比亚那样，泰戈尔也是"不属于一个时代，而属于所有世纪"。①正如泰戈尔的儿子罗廷德罗纳特·泰戈尔在《在时代边缘》（*On the Edges of Time*）一书中评价他的父亲那样，"他的诗歌是他最好的人生故事……而他最伟大的诗歌就是他的一生。"②

重温泰戈尔的一生，无疑对于每个人都有激励的意义；了解泰戈尔对于这个世界的认知，必然会丰富我们对世界的了解；阅读泰戈尔的作品，重新评价泰戈尔对于世界的意义，我们的信心会被重新点燃：因为这个世界上还有像他一样的思想家和实干家。他坚信黑暗之后就是光明。"云彩不断飘入我们的生活，不再带来雨水或迎来风暴，而是为我的日暮时分的天空增添色彩。"在科技日益进步的时代，逻辑和理性的重要性被日趋重视，但"只有逻辑的头脑犹如一柄只有锋刃的刀，它会让使用它的手流血"。③在人的一生中也应该有一个艺术的空间，如体验创造性的写作、激发自己的艺术潜能、参与具有想象力的艺术，如音乐、绘画、戏剧等。

了解泰戈尔的一生成就，对于塑造我们的心灵必有醍醐灌顶的启

---

① 本·琼生（Ben Jonson，1573-1637），英国抒情诗人与剧作家。
② Rathindeanath Tagore: On the Edges of Time, Kolkata: Visva-Bharati, 2010, p160.
③ 《今日印度》，2011 年第 5 期，第 9 页。

迪意义，阅读他的作品无疑会丰富、滋养我们的心灵。

威廉·拉迪斯（William Radice）从泰戈尔的孟加拉文作品和孟加拉文化入手，力图在孟加拉文化中找到泰戈尔世界主义思想产生的根源，那就是泰戈尔对"圆满（পূর্ণতা）"的追求，他将泰戈尔视为"圆满主义者"。[①]在一生的创作过程中，泰戈尔尽力将自己的诗歌创作天赋和艺术创造力，以利他的精神境界，把自己对人类社会发展的深刻理解与责任相结合。尽管泰戈尔内心深处希望远离政治纷争，但这并不是因为他沉迷于诗人世界的超然，而是出于自己对社会及人类的发展的独特思考。泰戈尔对社会发展的理解与阐释揭示了他哲学立场的连贯性与一致性，也彰显出他活跃的精神生活的统一性。泰戈尔的哲学思想既源于印度，又放眼世界；既尊重差异，又倡导合作；既重视传统，又着眼未来；既重视发展，又提倡平衡。

泰戈尔去世已八十余年，通读泰戈尔的作品，研读泰戈尔的思想，不难发现泰戈尔对人类社会所遭遇的不幸的预言与警示。归根结底，"人与人类的解放自始至终都占据着他（泰戈尔）思考的中心。"[②]因此，泰戈尔最为重视的是"人的发展"，向往"圆满的人"。追求"一切有生命有生趣的精神的快乐"[③]是泰戈尔毕生的愿望，也是他全部思想的根源。泰戈尔认为，"人类的历史就是追求彻悟不朽的自我，

---

① William Radice: What I have learnt from Tagore, Lecture at Ahmedabad, October 15th, 2011.
② 乌达亚·纳拉亚纳·辛格（Udaya Narayana Singh）.处于宇宙中心的人类——泰戈尔关于圆满教育的思想.《今日印度》，2011 年特刊，第 103 页。
③ 《文学月刊》，第 118 期，1924 年 4 月 21 日。

即灵魂，去探索未知的旅程。"①探索泰戈尔的过程也是一个不断彻悟自我、认识他人、探索世界的难得过程。

回归印度和孟加拉文化语境，回到孕育泰戈尔思想的本土文化土壤，只有这样才能越来越接近真实的泰戈尔，正确感悟泰戈尔的作品与思想的深刻意义。泰戈尔的母语是孟加拉语，本书也是国内第一次尝试把泰戈尔作品的母语和汉语对照本一起呈现的读物，所以作者特别希望它可以成为国内学习孟加拉语的朋友和国外学习汉语的孟加拉母语学习者的一种学习材料。

面对复杂多变的国际局势以及人类共同面临的诸多问题，读者可以在泰戈尔的作品与思想中寻找到越来越多的共鸣。生态平衡、世界大同、和谐共生、可持续发展、推动文明对话、关注人类命运的大爱思想……凡此种种，均可以在泰戈尔的作品与思想中得到共鸣。因此，本书推荐泰戈尔最有代表性和国内还没有介绍的一些经典文本，希望可以澄清读者对泰戈尔的刻板印象乃至误读、误会，努力还原真实的泰戈尔。喜欢泰戈尔的读者对泰戈尔形象的认知都有一个自我塑造与想象的过程，通过阅读本书，希望读者可以进一步宏观把握泰戈尔在孟加拉本土文化和孟加拉地区以外的异质文化中的研究与接受情况，从而再现泰戈尔形象在世界的变迁过程，认识到不同时期、不同阶段，读者对泰戈尔认知的局限性，也希望本书能为中国的泰戈尔研究界、

---

① Rabindranath Tagore: Soul Consciousness, in Sadhana: The Realisation of Life. 翻译选自刘安武等主编. 泰戈尔全集. 河北教育出版社，2000 年，第十九卷，第 22 页。

为喜爱泰戈尔的读者们提供一个横向比较的参照系，为构建世界范围内的"泰戈尔学"，为丰富人类的精神向度贡献绵薄之力。

泰戈尔及他所生活的那个时代都已离我们远去了，而他所关注的问题及其表现的态度却不应被我们遗忘，正如伯林所指出的那样："甚至在严重的危机时刻，当他（泰戈尔）为了他的同胞并向他们讲话，但他们渴望的不是单纯的说理，而是征兆和奇迹的时候，他也没有屈服，而是毫不动摇地如实告诉了他们他的所见，如实地说出了真理。"[1]

---

① 以赛亚·伯林.现实感:观念及其历史研究,潘荣荣,林茂译.译林出版社,2004年,第309页。

PART I

泰戈尔的一生

　　泰戈尔的一生深受印度传统哲学和西方哲学思想的影响，他主张
"梵我合一"，这使他的诗歌作品充满了浓厚的神秘主义色彩。他对
神的虔诚和对国家、人民与生活的爱意是融合在一起的。他认为西方
文明创造了物质文明，东方文明创造了精神文明，而精神文明是高于
物质文明的。东方文明注重内心的力量和价值，追求精神自由与内心
解放。东方的生活具有朴素外表的同时也有丰富的内容。东方文明是
牢固地建立在合作的基础上，而不像西方是建立在经济剥削和冲突的
基础上。

　　当西方还在黑暗中沉睡的时候，东方已经举起了文明的火炬。东
方在文明历史进程里，有它浓墨重彩的一笔。虽然古希腊的明灯在最
先点燃它的地方熄灭了，罗马也被埋葬在它那大帝国的废墟中。但是
以社会和人类精神理想为基础的文明，在人类历史上一直起着作用，

虽然看起来力量有些微弱。

　　他对自己一生的概括："我爱过人，也被人爱过。"作为举世公认的"百科全书式"的伟人，泰戈尔也是文学、绘画、音乐、教育、哲学、思想和社会活动等领域的大家。作为亚洲第一位获得诺贝尔文学奖的作家，他的文学家身份历来备受重视。泰戈尔的文学家身份主要是因为其诗歌得到公认的，他无疑是一位天才诗人，被印度人和孟加拉人誉为"诗祖"和"诗圣"。他从8岁开始练习写诗，从发表处女作《野花》到1941年逝世前一个星期口授最后一首诗《你创造的道路》，诗歌创作生涯长达七十余年之久。泰戈尔的诗歌类型十分丰富，有抒情诗、叙事诗、政治诗、吟物诗等。他还创作了大量的歌词。他所创作的诗歌类型和题材之丰富，举世罕见。泰戈尔是伟大的爱国主义者，他生活于英国殖民统治时代，成长于英国殖民统治时代，因此，炽热的爱国主义情怀、对祖国独立自由的憧憬、对世界和平安宁的追求等是他诗歌创作的主旋律。《故事诗集》是他在这方面的代表作。泰戈尔所处的时代也是印度由传统社会向现代社会转变的时代，因此，反对旧时代的各种陋习也成了他诗歌创作的重要主题之一。《金色船集》《齐德拉星集》《收获集》等是他在农村期间创作的诗歌作品。泰戈尔采用现实主义的方法创作这些作品，展示了孟加拉水乡的真实风情，也暴露了当时底层社会的诸多问题。泰戈尔的爱情诗歌与他批判社会陋习的创作主题关系密切。实际上，爱情是文学创作永恒的主题，爱情诗歌在泰戈尔诗歌中占有相当大的分量，甚至贯穿他一生的创作。《帕努辛赫诗抄》《普通的姑娘》《恋爱的心怀》等都是名篇佳作。

泰戈尔的文学创作体裁还包括短篇小说与中长篇小说。短篇小说的创作贯穿了泰戈尔的创作生涯。从 1887 年 7 月发表第一个短篇到 1941 年去世前不久写成的《穆斯林的故事》，泰戈尔一共创作了 100 余篇短篇小说。与诗歌相比，泰戈尔的这类作品更加接近现实、更具有社会意义。这些作品是他在 19 世纪最后十年到 20 世纪初在孟加拉乡下管理祖产时写成的。他以敏锐的观察力，把握时代现实的本质，创作出许多反映民族觉醒、反对殖民主义的短篇小说，比如《太阳和乌云》《陌生女人》《平凡的故事》等。反对封建主义是泰戈尔短篇小说的另一个创作主题，《原来如此》《判决》《无法避免的灾难》《河边的台阶》《素芭》等都是这一主题的代表作品。

　　在中长篇小说创作方面，泰戈尔也取得了丰硕的成果。他一生共创作了 15 部中长篇小说（含 1 部未完稿），第一部是 1878 年创作的长篇小说《科鲁娜》（未完），最后一部是 1934 年发表的中篇小说《四章》。《沉船》是泰戈尔最受欢迎的长篇小说，故事情节曲折，笔调轻松，既歌颂了男主人公的无私，又表现了他的软弱和动摇；既描写了主人公纯真的爱情，也叙述了他们的不幸；既很好地表现了男女主人公的感情纠葛，也写出了人物感情的复杂性。《戈拉》是泰戈尔长篇小说的代表作，被认为是史诗小说。作品描写了印度孟加拉知识分子中激进的民族主义者、正统印度教徒和改革派印度教徒之间的斗争，揭露了印度教中存在的问题，尤其是隐藏在它背后的社会病态，描绘了 19 世纪七八十年代孟加拉地区的社会生活。总体来说，爱国主义、人道主义贯穿了泰戈尔中长篇小说创作的始终，小说较全面地反映了知识分子和妇女群体的境况，真实地勾画了他们的情操、心态和理想。

起伏跌宕的故事情节，是泰戈尔中长篇小说的一个显著特点，也是他的中长篇小说引人入胜的一个重要原因。在他所有优秀的中长篇小说中，故事情节的发展几乎都充满激烈的矛盾冲突，故事情节的展开，宛如一条奔流在深山峡谷中的溪水，时而途遇巨石而激起水珠四溅的浪花，时而骤然跌下山崖而形成震撼山岳的瀑布。《眼中沙》（旧译为《小沙子》）、《沉船》《戈拉》《王后市场》《贤哲王》等作品，都具有这种特点。所以，跌宕起伏、生动感人的故事情节，是泰戈尔中长篇小说的一大特点，也是他的作品获得成功的最重要原因之一。

新颖的构思、独具匠心的结构，是泰戈尔中长篇小说的第二个艺术特点。长篇历史小说《王后市场》和《贤哲王》，是按照历史事件的发展顺序，以第三人称叙述的方式写成的，并且常常运用摄影镜头的方式来展示事件发展的场景。《眼中沙》《沉船》《戈拉》等作品，则是分章节写成的，并且都围绕着一两个主要人物来展开故事情节。中篇小说《四个人》和《两姐妹》，在结构上很相似，两部作品都分为四部分，每一部分又都以一个主人公的名字作为小标题，并且分为若干小节。但是这两部中篇小说又有区别。《四个人》是以小说主人公之一，即以斯里比拉斯自述的方式写成的，而《两姐妹》则是采用第三人称叙述的方式。长篇小说《家庭与世界》在结构上又有创新，它是以书中三个主人公轮流自述的方式，一气呵成的。《纠缠》采用的是倒叙的方法。长篇小说《最后一首诗》，又为小说创作提供了新的经验。作者在故事情节的发展中嵌入了一些短诗，使这部作品诗文交错，浑然一体，最后以女主人公拉博诺写给奥米托的一首优美的诗结束全书。

在小说结构方面，泰戈尔不墨守成规，不落窠臼，总是不断探索，另辟蹊径。

细腻的人物心理描写，是泰戈尔中长篇小说的第三个艺术特点。这位艺术大师所塑造的人物形象之所以能扣动读者的心弦，其中一个重要原因，就是人物的心理描写细腻感人。泰戈尔不仅善于从正面勾画人物的肖像，而且还擅长刻画人物的心理活动和内心感受。在他的中长篇小说中，几乎到处都可以看到这种细腻的心理描写。

作者在长篇小说《眼中沙》中惟妙惟肖地刻画了莫汉德罗的母亲拉兹洛希复杂而矛盾的心理。她听到儿子和他的婶母讲话，心里就产生了怀疑，于是"便放下活"，走了进来。她听到儿子讲不愿意把妻子变成女佣人时，非常生气，但是并没有发作，而是"一言不发"，"走了出去"。过了一会，她把儿媳妇领进来，交给了儿子，然后"用一种过分谦逊的态度"，双手合十地对莫汉德罗的婶母说："倒是要请你原谅了！我忘了你那位外甥女的高贵出身！我让厨房里的餐具弄脏了她温柔的小手。那么请你给她洗干净，打扮好，交给莫汉德罗吧……"说完之后，她就"呼的一声用力把门关上"。这位母亲用嘲讽挖苦的言辞和使劲关门的动作，把自己的不满全部发泄到莫汉德罗婶母的身上。接着，作家又细腻地描写了这位老人既生儿子和媳妇的气又疼爱儿子的复杂矛盾的心理。

泰戈尔在通过人物的声音笑貌来揭示人物心理变化的时候，还常常加上一些饱含深情的议论性语句。比如，在长篇小说《沉船》中描写汉娜丽妮同情地望着罗梅什的时候，作者写道，"刹那间她化作万种柔情"，"虽然彼此未交一语，他们俩却同时感到一种幸福的无间的融洽，这融洽所带来的欢乐，使他们已有置身于天堂之感"。这种恰到好处的感叹性语句，可以渲染气氛，增强感染力，对人物的心理感受可以起到画龙点睛的作用。

在描写人物心理的时候，泰戈尔很注意把握人物的性格特点。《沉船》的女主人公汉娜丽妮是一位温柔沉静的姑娘，她心里即使感到痛苦和愤懑，也会竭力克制自己。因此，泰戈尔在描绘她那痛苦和愤懑的心情的时候，就采用了静的无声的动作表情。《戈拉》中的洛丽塔与汉娜丽妮不同，她耿直粗犷、勇敢坚强，对待哈伦这个无耻之徒对她的讥讽，她针锋相对，毫不退让。

泰戈尔不仅善于刻画人物的心理活动，而且还善于描绘环境、景物。在泰戈尔的中长篇小说中，环境景物的描写总是同故事情节的发展、人物的心理活动交织在一起，很少有离开情节发展和人物心理活动的孤立的环境景物描写。这是泰戈尔中长篇小说的第四个艺术特点。

在泰戈尔的中长篇小说中，我们看到比较多的，是环境景物的描写与人物的思想感情、心理活动融合在一起的情景，这就是我们通常所说的"情景交融"。以景托情，寓情于景，是泰戈尔这位艺术大师运用自如的表现手法。

恰当地运用比喻，是泰戈尔小说的第五个艺术特点。在他创作的小说中，特别是他的中长篇小说中，到处可以见到生动形象的比喻。

我们随便就可以举出几个例子来，"他还像一头出生之后由母亲带着的小袋鼠一样，没有母亲的帮助，吃饭、睡觉都觉不方便。""丈夫去世后，比诺迪妮又回到丛林茂密的家乡。她像茫茫丛林中的一株牵牛花一样，在这个凄凉的村庄里孤苦伶仃地过日子。""她们的友谊像魔幻仙树的种子……而且开出艳丽的花朵。"[①]"如果将她们与季节相比的话，那么，母亲型的女人便是雨季。她给我们送来雨水，送来瓜果，调节温度，又从天而降，驱走干旱。""这是一张非常年轻稚嫩的脸。年纪不大，脸上没有一丝一毫堕落的痕迹。正如鲜花不怕被灰尘玷污一般，这马缨花般美丽的姑娘，她内心的纯真并没有遭到摧残。她那两只漆黑的大眼睛里，流露出受伤小鹿般的恐惧；她那藤蔓似的娇小的身体在羞涩中颤抖。"[②]"黄昏时的天空好像穿上了一件红袍，那沿河丛生的小树，看起来更像是镶在红袍上的花边。"[③]

泰戈尔不仅善于运用贴切的明喻，而且还善于运用象征性的隐喻。在《最后一首诗》的第十五节中，有一段关于哈巴狗敌视小猫的描写。作者用两个小动物的敌对，来暗示那位摩登女郎科拖姬对拉博诺不友好的态度。这种象征性的隐喻，带有尖刻的讽刺意味，既生动形象，又耐人寻味。

生动优美、富有诗意的语言，是泰戈尔中长篇小说的第六个艺术

---

① 泰戈尔.眼中沙.黄志坤等译.辽宁教育出版社，2000 年，第 24、35 页。
② 泰戈尔.四个人.见：黄志坤等译.泰戈尔中篇小说选，人民出版社，2016 年，第 181、196 页。
③ 泰戈尔.沉船.黄雨石译.外国文学出版社，1981 年，第 96 页。

特点。

　　泰戈尔首先是一位伟大的诗人。他以自己瑰丽的诗作而蜚声世界文坛。自然，他在自己的小说作品里，也常常运用富有诗意的情韵和风采、清新隽永的语句。例如，"一团满含雨滴的彩云从天空飘过，一遇到和它一样在天空流浪的一阵清风，它就会再也承担不起雨滴加在它身上的重负。"[①] "……她的脚下横躺着一个巨大无比的空虚——没有声音、没有动作，没有血的鲜红，没有树叶的碧绿，没有天空的蔚蓝，没有大地的赭黄。" "天上的星星在默默发光，我们像天上的星星一样沉默。"[②] "刹那间，戈拉觉得自己的整个一生，就像一场离奇的梦。……他觉得自己像荷叶上的露珠一样，只存在了一会儿。他没有母亲，也没有父亲，也没有故乡，也没有国籍，也没有家庭，甚至连老天爷都没有。只有一件东西还给他留着，那就是无边的空虚"[③]。

　　泰戈尔的这种清新优美、凝练朴雅的语言，深为孟加拉人民所喜爱。从某种意义上说，文学的艺术就是语言的艺术。语言好比是建筑文艺大厦的砖瓦灰石，没有优美纯洁的砖瓦灰石，是建不起来富丽堂皇的艺术大厦的。泰戈尔这位艺术大师，正是拥有了这种优美纯洁的砖瓦灰石，才为我们建造了一座又一座不朽的艺术大厦。泰戈尔逝世

---

① 泰戈尔.沉船.黄雨石译.外国文学出版社，1981年，第116页。
② 泰戈尔.四个人.见：《泰戈尔作品集》五，人民文学出版社，1961年，第69、73页。
③ 泰戈尔.戈拉.见：《泰戈尔作品集》九，人民文学出版社，1961年，第496–497页。

已经八十多年了，但是他那拨动读者心弦的艺术杰作却在世界各国人民中间继续闪烁着光芒。他的中长篇小说不仅对孟加拉和印度其他民族的小说创作产生了深远的影响，而且对世界不少国家的小说创作都产生过不同程度的影响。泰戈尔作为近代孟加拉文学史上的一位最伟大的作家，将会永远活在印度和孟加拉国人民的心里，并为世界各国人民所铭记。

泰戈尔还是一位久负盛名的戏剧家。在印度的戏剧史中，他占据着举足轻重的地位。泰戈尔一生一直致力于戏剧创作。他创作的戏剧作品多种多样，不拘一格，有诗剧、歌剧、象征剧、滑稽剧，既有独幕剧，也有多幕剧。他的戏剧作品既受西方戏剧的影响，也是对古代梵语的传承，也有对现实生活的反映。

泰戈尔创作的第一类戏剧作品是神话传说类的作品。

泰戈尔与大多数印度人一样，是个有神论者。他相信，大神梵天能支配一切，他也相信解脱。因此，在他的一些戏剧作品中常常带有某种神话传说和神秘主义色彩。

1883 年，泰戈尔发表了他的第二部具有神秘意义的剧本《大自然的报复》。这一年的夏天，泰戈尔和他的家人来到了印度西海岸的海滨城市卡尔瓦尔，住在他二哥的家里。他二哥是当地的法官。在卡尔瓦尔海滩，在椰树林中，他深有感触，真情地写下了一段文字："大自然的美不仅仅表现我心灵的幻想和海市蜃楼，而且也反映无限的欢愉。因此，我们在美的跟前竟然忘记了自己的存在。"正是在这种氛围中，泰戈尔创作出了戏剧作品《大自然的报复》。

这部剧一共有 16 场，写的是一个在山洞里苦行的修道士的故事。

修道士迷恋于修行，他竭力封闭自己的心灵。但是，有一天，一个孤女的闯入完全改变了他的生活。这个小姑娘失去了父母和所有的亲人，过着孤苦的生活。因为这个小姑娘无依无靠，他不得不收留了她。令他想不到的是，他那已经消失很久的同情心和慈爱之心又萌发了。他心中十分惧怕人性的回归，甚至想抛弃小姑娘远走高飞。但是，小姑娘不让他走，请求他不要离她而去。小姑娘管他叫父亲，为他采集鲜花，但修道士不以为意。小姑娘因为得到了修道士给予她的如同父亲般的慈爱，感到十分幸福和惬意。这时，修道士在一瞬间感到了生活的美好，但是，很快他又把小姑娘送给他的鲜花揉碎，继续坚持他的苦行。于是，他就又摆脱了美好生活的吸引，离开了小姑娘。但他还是感觉到，这个世界是真实的存在，所以，他觉醒了，决定将自己融入世俗的世界，并想将小姑娘像自己的女儿一样揽入怀中。但是，一切为时已晚。当他返回山洞的时候，小姑娘已经死了。这就是大自然对他冷酷无情的报复。这时，修道士悲痛欲绝，唱起了让小姑娘重新站立起来投入他的怀抱的歌曲。

1892 年，泰戈尔创作了诗剧《齐德拉》，又名《花钏女》。这也是一个具有神秘色彩的剧本。剧情的素材取自印度两大史诗之一的《摩诃婆罗多》，这是一部极富哲理性的剧作。剧情是这样的：

曼尼普尔的公主齐德拉从小就尚武，不爱红妆爱武装，她总是穿着男人的服装与人交往，她练就了一副硬朗的身躯，可以不费吹灰之力地把男人们的弓箭折断。有一次，她正在林间打猎，偶遇大英雄阿周那。阿周那因为违背了众兄弟之间的约定，被流放到森林十二年。齐德拉折服于阿周那的英武，向他求爱，但是，阿周那因坚持要完成十二年的苦修，拒绝了齐德拉的要求。为了博得阿周那的欢心，齐德拉向爱神和春神请求赐给她一天的美貌。两位天神满足了她的愿望，而且把时间延长至一年。齐德拉凭借着俏丽的容貌终于赢得了阿周那的爱情。但是，这种借来的美丽和包裹起来的虚假，使得齐德拉十分痛苦和纠结。后来她发现，阿周那心中所爱的竟然是勇武、温柔、本色的齐德拉。一年期满，齐德拉卸下了美丽的伪装回归成相貌平平的本相，并向阿周那坦白了自己的真实身份。阿周那并没有嫌弃齐德拉，两个相亲相爱的人最终获得了真正的爱情。

从剧情中可以看出，剧中两位主人公之间的爱情吸引，既是肉体的，更是心灵的、精神的。齐德拉起初以美色征服了阿周那，以伪装赢得了暂时的满足，但是，她并没有得到真正的爱情。所以，当时，她感到的并不是幸福，而是痛苦。当齐德拉以自己的真实面貌赢得阿周那的倾心之后，两个人的爱情才达到了形神契合的层次，两个人的生命也因此达到了臻于完美的至上境界。泰戈尔不仅让印度古老的史诗故事充满了现代戏剧的特色，更赋予了齐德拉这样的印度女性以独立、自信、自强的人格特征。可以说，齐德拉是女性形象的一个全新代表。

1912 年泰戈尔创作了他的杰出剧作《邮局》。《邮局》共分三幕。剧中的主人公是个少年，叫奥莫尔。他是一个纯真、可爱、富有想象力的少年。他自幼父母双亡，被姑父收为养子。但是，奥莫尔身体虚弱，常年卧病在床。医生说，他只能待在屋里。依照医生的嘱咐，姑父只同意他每天在窗户边上坐一会儿。所以，他每天只能在窗口看着来来往往的行人，只能在窗子旁边与卖酸奶的人、卖花的女孩以及嬉戏玩耍的儿童们愉快地交谈。奥莫尔热爱大自然，在他的眼中，人们终日生活其间、再平常不过的大千世界是美丽而生机勃勃的，即使没有去过卖酸奶的人生活的村子，他也能想象出，成群的奶牛在山上吃草，村子里的妇女都穿着红色的纱丽到河边去打水，有的女人还顶着一罐罐的水走来走去。卖酸奶的人那枯燥的叫卖声也能让奥莫尔觉得妙趣横生。园丁的女儿那叮当作响的脚铃声和窗外孩子们游戏时发出的欢笑声也能让奥莫尔的脸上露出开心的笑容。他生活的世界是非常狭小的、封闭的，但他的幻想天地和内心世界却是无限的、美好的。他对外面多姿多彩的世界充满了想象，充满了憧憬，他幻想着，长大后，他能成为国王的邮差，带着信，即带着希望奔走在千家万户之间。他对村长说，想得到一封国王写的短信。村长虽然认为他的想法是愚蠢的，但还是口是心非地答应他，要把这个想法转告国王。在对纯净自然的奥莫尔这个形象的塑造上，泰戈尔显露出自己天性中的天真气质，也展现出他非凡而浪漫的想象力和深厚的写作功力。

作为戏剧，《邮局》把舞台艺术的表现与开放的剧本蕴含的内容有机地结合起来，给观众带来无限遐想。以坐在窗前静止不动的奥莫尔为中心，窗外展现的人物、故事、场景却是流动变化的，这种静与动的对比，在舞台演出时形成了一种生动活泼感，同时也揭示了人物所处的环境与其丰富的内心世界之间的矛盾。有的评论者认为，《邮局》是泰戈尔最优秀的剧本之一。这部剧还曾经在欧洲演出过。

这部戏剧所隐含的象征意义也给观众和读者留下了深刻的印象。泰戈尔在写给朋友的信中谈到《邮局》时说："奥莫尔代表着那个灵魂接受了宽阔道路的召唤的人，他从那些所谓谨慎持重的人所认可的习惯势力的舒适包围中，从由德高望重的人所认可的观念的围墙中寻找自由。"很明显，奥莫尔象征着被束缚的人性。但是，人性天生是自由的，是不能封闭的，阳光、草地、山间林中自由的风都是人心所向的。同时，泰戈尔用奥莫尔的少年形象象征着人类心灵中最初的纯真和对世界最质朴的热爱。剧本中还有其他的一些象征意象，如姑父象征着世俗中的所谓智者，而给奥莫尔看病的医生则象征着既定秩序的维护者和执行者。象征是泰戈尔在戏剧创作中常用的手法，在他的其他戏剧中也多有表现。

泰戈尔创作的第二类戏剧是具有历史背景的戏剧。

泰戈尔在1922年创作的剧本《摩克多塔拉》就是这种类型的剧作。这部戏剧展示了国王与王子对待老百姓的不同态度。这部剧剧情比较简单，但情节更加紧凑，矛盾冲突更加明显。故事梗概如下：

这一天，乌多尔古特的居民们正在准备举行仪式庆祝皇家的比菩提花了二十五年时间修建的水闸完工。国王想用这个水闸来控制西布特拉伊地区人民的水源，以此让他们臣服于自己。而太子阿比吉特反对修水闸，他不愿意看到水闸成为两地人们纷争的焦点，也不愿意看到大量的工人为修水闸失去宝贵的生命。太子同情西布特拉伊地区受苦的人们，他给他们减轻赋税，并为他们修路，便于他们与其他地区的人们做生意。在庆祝仪式前，国王囚禁了太子。西布特拉伊地区的一个叫做塔南乔耶的人也带领着民众来参加盛会，他们想要通过非暴力的手段，让国王放弃水闸，还水于人民。黑夜来临了，太子摆脱了监禁，想方设法摧毁了水闸，摩克多塔拉河又恢复为自由奔流之水。摩克多塔拉的孟加拉文的意思就是"自由的激流"。

这个剧本被认为是泰戈尔所有戏剧中政治思想蕴含最为深刻的作品之一。在剧中水闸象征着庞大而严密的统治机器，它制约了印度人民的自由。剧中的国王、太子、塔南乔耶则分别象征着印度当时的政治人物。联系到剧本创作的时代背景，这个时期正是印度著名的非暴力不合作运动的领袖甘地领导印度全国人民进行非暴力和平斗争的时期。剧中的塔南乔耶正是甘地的象征，太子是从河边捡来的孩子，在剧中隐含着他出身于社会底层，他的思想和行为代表了广大的人民和他们的意志。

泰戈尔创作的第三类戏剧是具有现实性的剧本，这类剧本为数最多。他在 1926 年创作的《红夹竹桃》就是这类戏剧中颇具代表性的作品。

在亚克夏城里，广大矿工们像牲畜一样被当成机械驱使，众人似乎都变成了数字。他们没日没夜地服着劳役，为残酷的统治者挖掘金矿。后来一位叫侬迪妮的姑娘来到这个矿上。她的身上戴着由红夹竹桃编织的花环，光彩照人。她的魅力使许多人着迷，年迈的教授也为她的到来而心动。就连没有人性的总督和副总督也都被她的魔力迷住了眼睛。最后，国王也被这个美丽、动人的姑娘打动了，他竟然同她携起手来亲自捣毁了象征着统治权力的圣旗，破坏掉了这个城市里的一切，矿工们也和他们一起投入了这一行动。泰戈尔笔下的侬迪妮是现实生活中健康力量的代表，她的情人兰詹是勇气和正直的象征，他们二人的出现为失去理性、只知道追逐金钱利益的亚克夏城注入了生机和活力。在剧中，亚克夏城象征着不自由、受奴役的印度国家，苦难的矿工们则象征着印度人民，侬迪妮则象征着印度自由的灵魂和出路。

泰戈尔还写了大量散文。这里的散文指的是广义上的，其中既有属于文学性的散文，也有不属于文学而属于人文社科方面的文章和专论。属于文学性散文范畴的有游记、书信、通讯、杂感、随想、日记、回忆录等；属于非文学性散文范畴的有作者对宗教、哲学、教育、文学、文化、历史、伦理道德、政治经济、社会问题等直接发表看法的文章，参加社会活动发表的文章、讲话，等等；另外还有一些如写风俗习惯、人生修养、经历感受等的相关文字。

PART 2

泰戈尔代表作导读

《飞鸟集》：从孟加拉文原作的解读①

　　2011 年前后，为纪念泰戈尔诞辰 150 周年，国内重译了泰戈尔的 8 个英文集，即《吉檀迦利》《新月集》《飞鸟集》《园丁集》《情人的礼物》《渡口集》《采果集》和《游思集》。出于提高中学生读者学习翻译英文作品的兴趣的考虑，出版社给每个译本都附上英文原作，并请译者为每首诗写简析，以解决中学生读不懂泰戈尔某些诗作的难题。

　　为了写好一二百字的简析，笔者从泰戈尔英文作品选第一卷的附录中寻找原作。附录中有每首诗的孟加拉文原作的题名和所

―――――――――――

① 本部分由白开元撰写。

属集名，用英文字母标出。原作如果是歌词，附录中就用英文字母拼出其首行。如首行单词 Ami，孟加拉文就是 আমি，它的意思是"我"。孟加拉文《泰戈尔作品全集》和《歌曲大全》也有孟加拉文索引，根据索引很快就可找到英译诗原作是哪个孟加拉文诗集中的哪一首。

泰戈尔 8 个英文集的孟加拉文原作，无论是抒情诗、叙事诗，还是《歌曲大全》中的歌词，全都有严谨的格律形式。

这 8 个英文集中，《飞鸟集》深受中国读者喜爱，也是最难翻译的集子。原因是它的构成与其他 7 个集子不同。《飞鸟集》共有 325 首诗，其中只有 43 首，即第 6、12、18、24、30、35、53、58、66、71、83、84、86、88、90、99、107、119、128、129、130、132、138、139、151、153、156、163、166、171、172、173、176、184、191、194、230、232、234、236、240、243、268 首是从孟加拉文原作直接翻译的。其余 282 首，是泰戈尔用英文写的。所以，《飞鸟集》基本上可以说是一部英文原创诗集。

笔者把《飞鸟集》的 325 首诗大致分成六类：（1）短小的寓言诗。（2）格言、箴言、警句。（3）赠诗。（4）政治观点、人生观和艺术观的诗化。（5）抒写朦胧的情思。（6）阐述古老的梵学和生死观。对整个译本，笔者只作了简单分析。不逐首分析的考虑是，用英文写的这 282 首短诗，不知道是泰戈尔在何种背景，就何事，或为何人写的，所以很难为每首短诗写简析。

的确，不知道写作背景，翻译诗歌是很容易译错的。举个例子：

泰戈尔在 1924 年访问中国，离开北京前，应林徽因的请求写了一首赠诗：

আকাশের নীল বনের শ্যামলে চায়,

মাঝখানে তার হাওয়া করে হায় হায়।

译文

蔚蓝的天空俯瞰苍翠的森林，

它们中间吹过一阵喟叹的清风。

　　这首诗编入《随感集》，译者开初以为这是首风景诗。一首首查阅了《随感集》和《火花集》中的短诗后，发现《随感集》（লেখন）第 34 首与这首诗相符。按照孟加拉文的格律标准，这首诗一行是 14 个音节，与每两行押韵的传统孟加拉"波雅尔"诗体是一致的。

　　泰戈尔缘何为林徽因写这首看似描写风景的小诗呢？

　　原来，泰戈尔在上海入境，经南京、济南到北京，一路上会见各界著名人士，发表演讲，由诗人徐志摩翻译。翻译之余，徐志摩不仅与他畅谈人生，交流文学创作的心得体会，也对他诉说爱情方面的苦恼，言谈中间仍流露出对林徽因的爱恋。在徐志摩和林徽因一起无微不至地照顾泰戈尔的日子里，泰戈尔似乎觉得他们是理想的一对。为了消除徐志摩的愁悒，据说泰戈尔曾委婉地向林徽因转达徐志摩的缱绻之情，可得知林徽因已与梁思成订婚，看到林徽因毫不动心，一贯恪守婚姻道德的他感到实在是爱莫能助了。

在这首小诗中，泰戈尔把徐志摩喻为蔚蓝的天空，把林徽因喻为苍翠的森林。在泰戈尔的心目中，他们是高贵而纯洁的，但他们中间横亘着难以逾越的障碍，只能像天空和森林那样，永世遥遥相望，永世难成眷属。泰戈尔把自己比作好心的清风，清风的喟叹中流露出当不成月老的无奈和惆怅。

三个意象：蔚蓝的天空、苍翠的森林、喟叹的清风，组成幽美的意境，后面隐藏着一个动人故事。

在了解这首诗的创作背景的前提下，笔者能有根有据地分析这首赠诗。之后，笔者希望去分析《飞鸟集》的每首诗，但因没有足够的可信资料支撑，目前是做不到的。

最近，笔者读了泰戈尔有关文学的几篇文章。关于诗歌的再创作，泰戈尔在《诗歌的意义》中说：

কাব্যের একটা গুণ এই যে, কবির সৃজন শক্তি পাঠকের সৃজন শক্তি উদ্রেক করিয়ে দেয়। তখন স্ব স্ব প্রকৃতি অনুসারে কেহ বা সৌন্দর্য কেহ বা নীতি, কেউবা তত্ত্ব সৃজন করতে পারিতে থাকবেন। এ যেন আতশবাজিতে আগুন ধরিয়ে দেওয়া, -- কাব্য সেই অগ্নি শিখা, পাঠকের মন ভিন্ন ভিন্ন আতশবাজি। আগুন ধরিবার মাত্র, কেহ বা হাউইয়ের মত একেবারে আকাশে উরিয়ে যায়, কেহ বা তুবড়ির মত উচ্ছ্বসিত হয়ে উঠে, কেহ বা বোমার মত ওয়াজ করতে থাকে।

(দ্বিতীয় খণ্ড, ৬১০ পৃষ্ঠা)

诗歌的一个优点，是诗人的创造力——激发读者的创造力，他们就按照各自的性格，有的创造美，有的创造原则，有的创造理论。

这好像用火点爆竹——诗就是火，读者的心灵是各种爆竹。一点火，有的像冲天爆竹一样升空，有的像鞭炮响声不绝，有的像炸弹发出巨响。诗人的用意，可能在读者心中形成完全新的形象。[①]

受泰戈尔这种允许读者再创作的观点的鼓励，依据对《飞鸟集》发表的 1916 年前诗人的政治观点、人生观、宗教哲学观、艺术观和国内外交流情况的了解，笔者为本书读者对比分析了《飞鸟集》43 首英文译作与孟加拉文原作。

英译自孟加拉文原作的有 43 首，都是押韵的，译成英文，全变成散文诗了。着眼于内容变化的程度，可以把这 43 首分为三类：一类译作与原作内容基本一样，一共有 24 首；一类译作与原作内容部分一样，一共有 17 首；一类译作与原作内容完全不同，一共 2 首。

现举几个例子，加以说明：

一、译作与原作内容基本一样

第 6 首

If you shed tears when you miss the sun, you also miss the stars.

译文

你要是一直落泪，看不见夕阳，也会看不见繁星的。

孟加拉文原作是《尘埃集》中的《枉然落泪》。

ধ্রুবাণি তস্য নস্যান্তি

[①] 译自孟加拉文《泰戈尔全集》第二卷第 619 页。

রাত্রে যদি সূর্যশোকে ঝরে অশ্রুধারা

সূর্য নাহি ফেরে, শুধু ব্যর্থ হয় তারা।

译文

夜里为夕阳西坠哭得声哽气绝，

太阳不会归来，明星枉然失色！

简析: 原作两行押韵。这首诗强调的是应全面认识事物发展规律，不要被暂时现象蒙蔽。夕阳西坠，暂时从人们的视野消失，但这绝不意味着逝灭。次日黎明，红日东升，世界又将阳光普照。即便在夜里，世界并非一片黑暗，仍有星光照耀，行路也不至于迷失方向。因不能全面认识事物而过度伤心、泪眼蒙眬，就连能帮助行路的星光也看不到了。原译中主语是第三人称，指任何人，数量上比英译中的主语"你"更多。但读英译的感觉是，仿佛诗人在对读者阐明一个道理，显得更亲切。

第 24 首

Rest belongs to the work as the eyelids to the eyes.

译文

休息对于工作，如同闭合的眼睑对于眼珠。

孟加拉文原作是《尘埃集》中的《休息》。

বিরাম

বিরাম কাজেরই অঙ্গ এক সাথে গাঁথা

নয়নের অংশ যেন নয়নের পাতা (৬-৩১ পৃষ্ঠা)

译文

工作和休息连在一起

恰似眼珠和眼睑。

简析：这首诗的题旨就是人们常说的，会休息的人才会工作。眼珠和眼睑，相连相依，密不可分。若无眼睑的闭合功能，让眼珠消除疲劳，眼珠就不能灵动地观察，对此，无人不懂。以这习见的两个具象——眼珠和眼睑比喻工作和休息，生动真切地表现了两者的相互依存关系，通俗明了，易为读者理解。

第 86 首

"How far are you from me, O Fruit?"

"I am hidden in your heart, O Flower."

译文

"哦，果实，你离我多远呀？"

"哦，鲜花，我藏在你心里哩。"

孟加拉文原作是《尘埃集》中的《花与果实》。

ফুল ও ফল

ফুল কহে ফুকারিয়া, ফল, ওরে ফল,

কত দূরে রয়েছিস বল মোরে বল।

ফল কহে, মহাশয়, কেন হাঁকাহাঁকি,

তোমারি অন্তরে আমি নিরন্তর থাকি।

译文

花儿焦急地问："喂，我的果实，

告诉我你可曾成熟，快告诉我！"

果实回答："先生，你嚷嚷什么，

我始终在你的心窝。"

简析：这节诗中的"果实"，应是人们期望的某项事业成果的比喻。就像在正常情况下，植物的种子发芽，萌生叶片，开花结果，受制于自然规律，经过一个过程，果实自然而然会成熟一样，人们从事一项事业，不可过于焦急地期望获得成功，而要持之以恒地努力，最后一定结出硕果。英译中省略了叙述，只保留对话，较原作更为精练，但因对话中有"果实""鲜花"两个字眼，理解这是两者的对话是不难的。

第 130 首

If you shut your door to all errors, truth will be shut out.

译文

如果你把所有的错误关在门外，真理也会被关在门外。

孟加拉文原作是《尘埃集》中的《同一条路》。

একই পথ

দ্বার বন্ধ করে দিয়ে ভ্রমতারে রুখি।

সত্য বলে, আমি তবে কোথা দিয়ে ঢুকি?

译文

关门将错误挡在外面，

真理叹道："叫我怎样进入圣殿！"

简析：常言道，失败是成功之母。在认识世界改造世界的过程中，没有人能不经过失败而获得成功，也没有人能不犯错误就获得真理。无论是在自然科学还是社会科学的探索中，经常是经历了成千上万次错误，才能认识事物的本质，认识客观规律。这首诗告诫人们，犯了错误，固执地不承认错误，不去探寻缘由，就不能接近真理。原作中真理不能"进入圣殿"和英译中真理被"关在门外"，意思相近，都是指不去分析造成错误的缘由，就难以获得成功。

第 234 首

The moon has her light all over the sky, her dark spots to herself.

译文

月亮把清辉洒满夜空，她的黑斑留给她自己。

孟加拉文原作是《尘埃集》中的《自己的和给予的》。

নিজের ও সাধারণের

চন্দ্র কহে, বিশ্বে আলো দিয়েছি ছড়ায়ে,

কলঙ্ক যা আছে তাহা আছে মোর গায়ে।

译文

明月说："我的清辉洒向了人间，

虽说我身上有些许污斑。"

简析：世界上人的能力有高低之分，每个人不可能十全十美。如何对待世界、如何对待个人，是摆在每个人面前的一道难题。诗人通过"明月"的视角为我们提供的答案是：由于种种条件的限制，"我身上有些许污斑"，即这样那样的缺点，我不是完人，但我要像"月亮把清辉洒满夜空"那样，献出我的光和热，把能力发挥到极致。这样，也就实现了我的人生价值。

二、译作与原作内容部分一样

第 12 首

"What language is thine, O sea?"

"The language of eternal question."

"What language is thy answer, O sky?"

"The language of eternal silence."

译文

"哦，大海，你在说什么？"

"无穷的疑问。"

"哦，天空，你回答了什么？"

"永久的沉默。"

孟加拉文原作是《尘埃集》中的《无法回答》。

প্রশ্নের অতীত

হে সমুদ্র,চিরকাল কী তোমার ভাষা?

সমুদ্র কহিল, মোর অনন্ত জিজ্ঞাসা।

কিসের স্তব্ধতা তব ওগো গিরিবর?

হিমাদ্রি কহিল, মোর চির- নিরুত্তর।

译文

"你老在絮叨什么，啊，大海？"

大海回答："不停地提问题。"

"诸山之魁，你为何默不作声？"

喜马拉雅山答道："这是我无语的永恒反应。"

简析：原作是大海和喜马拉雅山的对话，英译中变成了大海与天空的对话。英译使原作突破一国界限，涵盖整个世界，写作对象也就由印度的变成了世界各国的。诗人通过营造的"永世都在提问题的大海"、原作中"永世沉默的喜马拉雅山"和英译中"永世沉默的天空"这三个意象，赞美永不停息的探索精神和满腹经纶却从不自我炫耀的谦虚态度。

第 18 首

What you are you do not see, what you see is your shadow.

译文

你看不见你的真貌，你看见的只是你的影子。

孟加拉文原作是《随感集》的第 185 首。

দর্পণে যাহারে দেখি সেই আমি ছায়,

তারে লয়ে গর্ব করি অপূর্ব এ মায়া

译文

镜子里我看见的是我的影子，

我为绝妙的幻影沾沾自喜。

简析：诗中所说的"影子"，是刻意放大的自我，是煞费苦心美化的自我，是虚假的自我。为虚假的自我"沾沾自喜"必然陷入盲目，以为自己鹤立鸡群、超凡脱俗。诗中隐含的善意批评是：无论是原作中的"我"还是英译中的"你"，对自己都应有正确认识，对自己的才干应有清醒了解。一言以蔽之，看到自己的"真貌"，才能与周围的人和睦相处，才能有所作为。

第 71 首

The woodcutter's axe begged for its handle from the tree.

The tree gave it.

译文

樵夫的斧头向大树要斧柄。

大树立刻给了它。

孟加拉文原作是《尘埃集》中的《国家政策》。

রাষ্ট্র নীতি

কুড়াল কহিল, ভিক্ষা মাগি ওগো শাল,

হাতল নাহিকো, দাওএকখানি ডাল।

ডাল নিয়ে হাতল প্রস্তুত হল যেই,

তার পরে ভিক্ষুকের চাওয়া –চিন্তা নেই –

একেবারে গোড়া ঘেঁষে লাগাইল কোপ,

শাল বেচারার হল আদি অন্ত লোপ।

译文

斧头说："娑罗树，

你应慷慨对我布施！

我至今没有木柄，

快给我一根柯枝！"

一旦柯枝制成精巧的木柄，

乞施者再无乞施的忧思，

树根上接二连三地猛砍，

可怜的娑罗树倒地咽气。

简析：原作译成英文后，有较大改动。原作中"斧头"跟"娑罗树"要一根树枝做木柄。"娑罗树"慷慨地给了它。"斧头"有了木柄，转身就把"娑罗树"砍倒砍死。"斧头"是忘恩负义、以怨报德的卑鄙小人的象征。英译中删除原作的后半部分，通过对"樵夫的斧头"需要木柄，"大树"二话不说立刻赠送的描写，赞扬两个朋友一方有难另一方立刻伸出援手的真诚友谊。

第 172 首

The sunflower blushed to own the nameless flower as her kin.

The sun rose and smiled on it, saying, "Are you well, my darling?"

译文

向日葵羞于认无名的花卉为亲戚。

太阳升起，微笑着说："我亲爱的，你好吗？"

孟加拉文原作是《尘埃集》中的《宽阔的胸襟》。

উদার চরিতানাম

প্রাচীরের ছিদ্রে এক নামগোত্রহীন

ফুটিয়াছে ছোটো ফুল অতিশয় দীন।

ধিক ধিক করে তারে কাননে সবাই－

সূর্য উঠি বলে তারে, ভাল আছো ভাই।

译文

墙缝里长出一朵花，

无名无族，纤细瘦小。

林中的诸花齐声嘲笑——

太阳升起对它说："兄弟，你好！"

简析："无名无族"的小花，是社会最底层弱小者的象征。林中诸花对它的嘲笑，反映社会最底层的弱小者受到其上层无数人的欺凌。英译中把"诸花"改为"向日葵"，着意减少欺凌者的人数。原作中的"嘲笑"，在英译中改为羞于认小花为"亲戚"，大大减轻了小花受到欺负的程度。"太阳"平易近人，对小花热情问候，从中传达出诗人亲民的人生态度。

圆满主义者：泰戈尔

第 191 首

The bow whispers to the arrow before it speeds forth:

"Your freedom is mine."

译文

弓在箭射出之前轻声对箭说："你的自由是我的。"

孟加拉文原作是《尘埃集》中的《自由》。

স্বাধীনতা

শর ভাবে, ছুটে চলি, আমি তো স্বাধীন,

ধনুকটা একঠাঁই বদ্ধ চিরদিন।

ধনু হেসে বলে, শর, জান না সে কথা—

আমারি অধীন জেনো তব স্বাধীনতা।

译文

箭矢暗忖："飞吧，我有自由，

只有雕弓爱死守一处。"

雕弓笑道："箭啊，你忘了

你的自由由我管束？"

简析：弓和箭，是互相依赖的两个物件。箭壶中的箭没有自由，靠弓射出，有了自由，击中目标，起了应有的作用。有了自由的箭，得意忘形，看不到自己的自由来自弓，甚至揶揄弓"爱死守一处"，是一种忘本行为。英译中省略了箭的自鸣得意，弓对箭的提醒，也是对世人的提醒：人类社会中，许多事情众人合作才能完成。这时，谁也离不开谁。相互配合，会有成果；互相瞧不起，甚至互相拆台，则会一事无成。

第 240 首

Rockets, your insult to the stars follows yourself back to the earth.

译文

爆竹啊，你对群星响亮的侮辱，跟着你垂落地面。

孟加拉文原作是《尘埃集》中的《狂妄》。

স্পর্ধা

হাউই কহিল, মোর কী সাহস ভাই,

তারকার মুখে আমি দিয়ে আসি ছাই।

কবি কহে, তার গায়ে নাকো কিছু,

সে ছাই ফিরে আসে তোরি পিছু পিছু।

译文

爆竹咧着嘴说："诸位，我多么勇敢，

　僻啪升空给明星脸上抹了把灰。"

诗人说道："明星未被玷污，

　地面上，一撮纸屑已随你回归。"

简析：这首诗中，"爆竹"是社会中某些污蔑他人的不学无术的文痞的象征。"明星"是在各个领域卓有建树的名人的象征。就像"爆竹"僻啪升空大叫着在明星脸上抹灰，最终成为纸屑落地一样，这些文痞怀有莫名的嫉妒，进行诽谤他人的拙劣表演之后，他们攻击名人的阴谋必将以失败而告终。印度叙事诗最后两行通常有诗人的点评，目的是加深受众的印象。原作中诗人的评说，继承了这一传统。英译中则舍弃了西方读者不习惯的诗人的评说，把爆竹的独白改为陈述，直抒胸臆，显得更简洁明晰。

三、译作与原作内容完全不同

第 35 首

The bird wishes it were a cloud.

The cloud wishes it were a bird.

译文

飞鸟希望变成一片云彩。

云彩希望变成一只飞鸟。

孟加拉文原作是《尘埃集》中的《愿望》。

আকাংক্ষা

আম, তোর কী হইতে ইচ্ছা যায় বল।

সে কহে, হইতে ইক্ষু সুমিষ্ট সরল।--

ইক্ষু, তোর কী হইতে মনে আছে সাধ ?

সে কহে, হইতে আম সুগন্ধ সুস্বাদ।

译文

"芒果，告诉我你的理想。"

芒果说道："具有甘蔗质朴的甜蜜。"

"甘蔗，你有什么心愿？"

甘蔗回答："充盈芒果芳香的汁液。"

简析：芒果是印度的水果之王，甘蔗则是为大众提供普通甜汁的经济作物。诗中的芒果和甘蔗，分别是印度上层人士和下层平民的象征。水果之王的理想，是获得"质朴的甜蜜"，寓意是与平民同甘共苦。甘蔗向往芒果的"芳香的汁液"，隐义应是对提升地位的期望。在芒果和甘蔗推心置腹的对话中，寄寓着作者希望建立各阶层民众互相尊重、和睦同处的社会的美好理想。芒果、甘蔗是印度的热带水果，以芒果、甘蔗比喻人，印度读者读着感到很亲切，但位于不产芒果、甘蔗的西方国家的读者却会有生疏之感。所以，诗人翻译此诗，把"芒果"改为"飞鸟"，把"甘蔗"改为"云彩"，原作的印度属性转变为世界属性，外国读者阅读也不觉得会有隔阂了。

第 128 首

To be outspoken is easy when you do not wait to speak the complete truth.

译文

当你不愿耐心等待说出莹澈的真理时，说话是容易的。

孟加拉文原作是《尘埃集》中的《说话直爽》。

স্পষ্টভাষী

বসন্ত এসেছে বনে, ফুল ওঠে ফুটি,

দিন রাত্রি গাহে পিক, নাহি তার ছুটি।

কাক বলে, অন্য কাজ নাহে পেলে খুঁজি,

বসন্তের চাটুগান শুরু হল বুঝি!

圆满主义者：泰戈尔

গান বন্ধ করি পিক উঁকি মারি কয়,

তুমি কোথা থেকে এলে কে গো মহাশয়?

আমি কাক স্পষ্টবাসী, কাক ডাকি বলে।

পিক কয়, তুমি ধন্য, নমি পদতলে;

স্পষ্ট ভাষা তব কণ্ঠে থাক বারো মাস,

মোর থাক মিষ্ট ভাষা আর সত্য ভাষ।

译文

春天来临，森林里百花怒放，

布谷鸟昼夜不停地歌唱。

乌鸦说："看来你只会

谄媚春天，别无专长。"

布谷鸟停止歌吟，四顾发问：

"你是何人，来自何方，先生？"

乌鸦答道："我乃乌鸦，快人快语。"

布谷鸟说："谨向你致意，

望你说话永远这样直爽，

可我的话音必须真实甜美。"

简析："百花怒放"的春天带来姹紫嫣红、蓬勃生机，是"美"的形象。布谷鸟昼夜歌唱春天，是对"美"的赞美。因此，布谷鸟是热情倡导"美"、全力创造"美"的艺术家的象征。乌鸦不懂春天的"美"，对布谷鸟说三道四，甚至说布谷鸟这样赞美春天，是吹捧，是谄媚。心胸坦荡的布谷鸟的回应是大度的，它希望乌鸦能永远保持"心里想什么嘴上就讲什么"的直率性格。布谷鸟的回应中，间接表达了艺术家对某些人因无知而对其艺术创作进行过激抨击的豁达态度。而布谷鸟以真实甜美的嗓音歌唱春天的坚定誓言，则诠释了艺术家把创造"美"永远当作使命的题旨。原作和英译，基本上不一样。英译似乎是有训导意味的箴言。就家长里短、琐碎小事闲聊，不费心思，"是容易的"。但进行艺术创造和科学研究，探索"莹澈的真理"，获得期待的成果，必须有"耐心"，需要经年累月的艰苦努力。英译以平日信口开河的闲聊反衬出艺术探索和科学探索的艰辛。

《飞鸟集》汇集了泰戈尔的哲学思索，可谓是一本浓缩他人生阅历的简易百科全书。如果要对 325 首诗歌进行版本学的对照比较辨析研究，无疑还需要学界更广泛地收集资料，熟悉诗人创作的历史背景，弄清楚书写对象，才能挖掘出诗歌的深刻意蕴，给读者更多的有益启示。

《飞鸟集》在国内外影响深远，相关翻译汗牛充栋，但如果说要从孟加拉文版本角度来展开对诗集研究，依然任重而道远。

《吉檀迦利》：颂神与恩典^①

  《吉檀迦利》是印度大诗人泰戈尔的代表性英文诗集，也是他最享誉世界的作品。这部诗集于 1912 年在英国出版，并为泰戈尔赢得了 1913 年的诺贝尔文学奖。泰戈尔还有一部孟加拉文的同名诗集《吉檀迦利》（1910 年在印度出版），英文版的《吉檀迦利》正是在孟加拉文版本的基础上，经过编译和改写而成。这部诗集共有 103 首诗歌，其中有 57 首直接选译自孟加拉文版《吉檀迦利》，其他诗歌分别来自《歌的花环》《献歌集》《收获集》《梦幻集》《悼亡集》《献辞集》和剧本《死城》等孟加拉文作品中。本文所用译本为白开元先生的译本，收入董友忱教授主编的《泰戈尔作品全集》（人民出版社 2016 年版）第 15 卷中，有兴趣的读者可以参看，同时也可以与相关的孟加拉文版本对读。除特殊说明外，以下引文都来自白开元先生译的《吉檀迦利》，引文句尾括号内数字意为出自《吉檀迦利》的第几首诗。

  通读这部诗集，我们最为直观的感受就是，这是一部有明确的诉说对象的作品，正如"吉檀迦利"这个孟加拉文词语所指涉的意义——"献歌"一样，这是献给"神"的一部颂歌，其中包含的，是对于神所降恩典的感怀和爱意。这里的神，西方的注解家将其理解为泛神论意义上的"神"，即整个自然或宇宙的人格化；泰戈尔

---

① 本文由吴鹏、李源毓撰写。

曾对这种理解感到不满，对于他来说，他在诗中所歌咏的那个神，来自印度古老的吠陀文献及其衍生出的吠檀多哲学，指称的是印度哲学中那个至高无上、无处不在、永恒不灭的世界本体——"梵"，是推动一切事物和现象成形和演变的第一动力。印度传统哲学中，"梵"是无法言说、无法观测的，因而也没有固定的形象，但是到了泰戈尔这里，"梵""神"从无限的本体论沉降到有限的、有形的认识论层面："在消极方面梵是静寂的，在积极方面梵在任何时候都是活跃的。他是诗人，他将思想作为乐器，他在有限中显示自我，这种显示出自他的极乐而非出自某种外界的需要。所以在无穷岁月中献身，满足我们的需求。"①这样一来，《吉檀迦利》这部伟大的诗集，正是对泰戈尔心目中整全纯净的"神"及其照拂的整个世界的观照。所以，我们可以从泰戈尔所颂之神所展露出的四种恩典来认识这个伟大自我的形貌，进而在诗的乐曲中发现爱与温情的深沉律动。

一、作为沟通者的神

正如泰戈尔对他心目中的神所表白的，"朋友，你使远近沟通，你使陌生人成了弟兄。"他心目中的这个至高无上又无处不在的神，其重要特征就是作为连通万物的中介而存在。泰戈尔主张以神作为

---

① 引自泰戈尔《人格的世界》。

人与世界之间的使者，将人与自然之间的亲近和沟通视为人神沟通的一种表现形式。所以他奉劝那些不让孩子们与自然亲密接触的人们，"母亲，这对孩子是无益的，你这华服的约束，使你的孩子接触不了大地健康的尘土，剥夺了他参加人类日常生活的盛大集会的权利。"（8）诗人将亲近自然界比喻为参加"盛大集会"，是一种生命之间的热烈碰撞，只有脱掉人世的种种伪饰，才有可能拥抱自然界的肌体，进而实现自我的进化。

通过"神"这个伟大的中介，诗人达成了一种人类平等的理想，这个理想让最崇高的精神得以与最受欺辱和凌虐的群体相结合。这是一种崭新的宗教，它要求修道者前往大众中间，通过劳作和世俗生活来寻求神启和解脱。"他去的地方，农夫在锄耕贫瘠的农田，工人在敲石筑路。他与大家一起头顶烈日，栉风沐雨，衣服沾染灰尘。"（11）泰戈尔这种对底层的亲近不是来自某种特定的政治立场，而是来自宗教人文教育中的人道主义。人是可贵的，也是可敬的，只要人能充分发展自身的德性和智性，就能在与他人的交往中获得神的祝福和"恩典"，打开通往幸福生活的道路，这就是泰戈尔的"人的宗教"。从"人的宗教"这种新型神圣理念的构建上来说最为重要的是，神意可以连通理念世界中那些在形貌上互相对立的事物，卑下与崇高、平凡与伟大、欲望与灵智、小我与大我，都会在神性的领域中合为完整的主体。"如同风暴袭击安静时，也在安静中寻求它的终点。我的叛逆冲击了你的爱，它的呼声仍然是——我需要你，仅仅需要你"（38），爱与恨、抗拒与同一，都在无限的神意中汇到了一点，也是在这一点中，泰戈尔得以窥见神迹的不可思议。

　　尽管通往神的道路是一条漫长的道路，在这条路上总是充满无尽的猜疑和恐惧，仿佛是"一条没有尽头的路"（12），但只要坚持这种向内求索的方式，就能在心灵求知的路上真正有所进益。这需要人执着地坚守某种信念，抵制现实秩序对自己的诱惑，"我执着地等待着，要把自己交托给爱。"（17）此时，你可能发现，神意就在身边，真如法相原本就不待向外探求。"离你最近的地方，要走的路最长，掌握最简单的乐曲，需要最艰苦的演练。"（12）对于泰戈尔来说，这条最近也最远的路，就是将对神的崇敬和仰视转向对周围现实的人的体贴和关怀，发现人性中深藏的神性。就像"经过一户户生人的门口，旅客最后走进自己的房屋"（12），对神、慈悲和解脱的寻求，往往都是从对外在形式的追寻，走向对内在心性的皈依。

　　对于具有浓厚宗教氛围、各种宗教节日和礼俗充斥街头巷尾的印度来说，泰戈尔以一种极简主义的方式，通过向浮浅和森严的宗教体系宣战，实现了向古老灵性传统的复归。前往人神合一境界的道路并不总是那么灿烂而温暖，同时还有种种失望和矛盾的心态伴随其间。"我负债累累，遭到巨大的失败。我的愧疚隐秘而深重；但当我向你祈求幸福时，全身瑟瑟颤抖，唯恐我的祈求得到满足。"（28）自己是否有能力肩负神恩，是否能在人神关系中保持自己的平衡和理性，这些都会成为前行路上的障碍。

　　泰戈尔"人的宗教"毕竟仍然是宗教，是要求超越日常生活的，这个过程，就意味着要通过对欲望的克制才能接近神的境界。就像他在《吉檀迦利》中所说，"你一再拒绝我，从软弱缥缈的欲望的深渊拯救了我，使我一天天有了被你完全接受的资格。"（14）通过克制欲望，人得以超越平庸、有限的日常生活，变成亲近艺术和美的使徒，得以请求神，"我来为你唱歌，在你的客厅的角落里有我的一席之地。"（15）也就是说，对日常生活困境的反思，也成为实现精神生活超越的契机。"我身穿尘土和死亡之衣，我恨它，可又爱它，紧抱着它。"（28）如果说我们不是因为自身的有限和卑琐，因为自身的平凡和愚钝，我们也不可能对本体真理即"神"产生那样的向往和追求。

在生活的琐碎细节中产生的那个"小我"（30），让泰戈尔感到羞愧，可这个自我是人无法摆脱的，人必然带着这个自我走到神的门口。人是小我与大我、卑下的我与崇高的我二元复合的产物，二者之间是一种互生互斥的张力关系，这种张力尽管让双方多少都感到困扰，却也为此而庆幸，因为无限的神必须借助有限的生活来体现，否则就会成为抽象的训诫和教条，变成与人疏离的意志。"我一度以为可以用财富和权力制约全世界的人，我把我国王的金钱聚敛在我的宝库里。当困乏袭来，我躺在我主的床上，一觉醒来，我发现我是我宝库里的囚徒。"（31）看上去无限诱人的自然欲望，最后都会变成束缚自我灵魂的枷锁，而如果愿意像泰戈尔一样接受心中神意的指引，则应当敢于放下这些枷锁，将轻盈的感触还给心灵。也正是因为这种对于完整、崇高意象的超越，泰戈尔才不主张人们去追求那些被视为完美、崇高的事物，而是安于存在本身的不完美性，对世界本身的缺陷和无常抱着包容的态度，正如第78首诗中，最美的那颗星佚失，群星遍寻不见后，它们幡然醒悟，明白了"寻找是白费力气，无瑕的完美全已成为过去！"（78）如果执着于寻找完美的事物，那只会让人失去对日常生活的感受力，也就失去了从最平常的生活细节中感受神性的能力。正如禅宗讥讽那些空头僧人只知钻研经典，却不明白明心见性只在当下此刻，这就像苍蝇在窗户纸上碰壁一样，永远只能看到光明，却不能"亲证"光明。

正因为泰戈尔的"神"是将对立的诸多事物联结在一起的沟通者，所以他不必担忧精神陷入某种逼仄的险境，只需要看到万物皆因神而联结，就可以对心中的圆满神性生起信心。

二、作为净化者的神

"你是我生命的生命，我终生洁净我的肉身凡体，因为我知道我的肢体昼夜享受着你生命的爱抚。"（4）神代表着真理，也代表着最高的善和德性，正是神的这种崇高属性，使得人愿意皈依于神的足下，成为神的仆人，成为神与世界的慈爱之光照临的对象。这种体悟也会转化为行动的依据，使得主体的自我下定决心，"我要竭尽全力，以实际行动表现你，因为我知道，是你的力量给了我行动的动力。"（4）就是在这样的祝福和礼拜中，我们可以看到泰戈尔心目中的神的现实意义，神具有改变人们生活态度的力量，本身就是一种值得尊奉的生活原型。泰戈尔不仅用主仆的关系来比喻神与自己的关系，也用恋人的关系来比喻。"他的气息触及我的酣睡，为什么我总是看不见他呢？"（26）这让我们欣赏这些诗篇时，仿佛是在欣赏一首发自痴情女子胸臆的情诗。他用女子对情郎的嗔怪来表达对神的向往和崇敬，使得人与神之间的羁绊变得更为真实可感。"当欲望以诱惑和飞尘蒙蔽我的心灵，啊，圣者，你仍然清醒，来吧，带着电闪雷鸣。"（39）当然，有时，对于神的了悟又像是男子对心目中女郎的恋慕，它以模糊暧昧的方式，"幽居在我存在的深处"（66），时刻向我们提醒着神恩的存在，又时刻躲避着我们理性目光的审视和逼问。

神的意志有如春天的雷电一般，惊醒沉睡麻木的大地，并在高蹈的虚空中展现智慧和澄净。如果修行的功业已经积淀圆满，那么带来的境界将是如太阳所放射的无穷光明一般，与修行者生命的本体自由相拥，"热吻眼睛""浸甜心灵"（57）。这样一种神圣的凝视，使得泰戈尔的世界是一个肃穆而充满喜乐的世界，即使是最为恐怖的死亡也不能破坏这个世界本身的完整。泰戈尔将被视为污浊和绝望的死亡纳入自己对宏大世界的体认当中，在他看来，生与死是一对孪生兄弟，它们共处于这个空旷伟大的大千世界当中。"一群孩子在无边世界的海滩上欢乐聚会，风暴在无路的远天游荡，货船在无轨的大海沉没，死神的使者在飞行，一群孩子仍在做游戏。在无边世界的海滩上，一群孩子继续进行盛大的聚会。"（60）这是何等奇妙而崇高的世界图景，无论身处庸常世界的我们是如何忧虑和勤勉地奔走于大地上，对于永恒的神来说，我们都只是在洁白的沙滩上嬉戏的孩子，无论我们的呼喊传至多远的远方，都只是这个宇宙里微尘一般的存在。但正因为我们是微尘，所以我们才无须担心那些虚妄的灾祸。只有僭越者在徒劳地战斗，而生活者都在万世的时空中做浪漫的漂游。世界和神宛如一个冷静沉默的慈母，在生死起灭中抚慰我们颠沛不安的灵魂。当我们在日常性的生活中产生了种种烦恼时，神性为我们提供了一个疗愈和转化的温床，"当我把痛苦当作祭品敬献给你时，你以恩典回赠我。"（83）神性总在沉默的虚空中深藏，但如果能将生活中具体的不快、烦恼和苦痛当作抵达神性所必须付出的代价，那自然就能获得神所保有的"恩典"，也就是那澄澈明净的"解脱"和"自在"的境界。

在真理的罅隙中，美取得了它的位置，只有在完完全全的真理的体认中，才能产生超越性的美，才能将诗性传达给读者。在一首表现诗人坐在窗前感受自然美好的诗中，诗句用意象为我们呈现了一个纯美的世界。"今天，夏天来到了我的窗口，气喘吁吁。一群慵懒的蜜蜂在花林的宫中弹曲。"（5）正是因为感受到自己正处在真理的包裹中，才会产生这样的安全感，也正是这样的安全感，才给了主体享受美的机会。因为美的前提是非功利的栖居，而只有在远离或隔离利害冲突的地方，才有可能看见美，尤其是这种包含永恒和绝对意味的美。泰戈尔在《吉檀迦利》中所赞咏和歌颂的神，正是通过美对人的净化作用，来解放人内在包含的神性，抵达泰戈尔心目中的觉知层次。

三、作为成就者的神

"你使我万世永生，这是你的快乐，你一再倒空我的心杯，又一再斟满崭新的生命。"（1）"人世间那些爱我的人，用一切手段约束我。你的爱截然不同，你的爱比他们的爱伟大得多，你给我自由。"（32）在泰戈尔的心目中，神对人的爱是一种整全的爱，爱不是为了占有和征服，而是为了充盈和成全，是为了让个体成长为自己道路上的捷足者和成就者。与之相对，那些伪善的信徒，或者印度近代历史语境下的英国殖民者，则会在最后撕去脸上的伪装，"贪婪地抢夺神坛上的供养"（33）。非良善的爱最终必然摧毁世上的秩序，而良善的爱则会选择成全秩序本身，只是为其赋予更为温厚的外在形貌。这种爱让人由碎片获得整全、由孤立获得归属，让人发出"只要我细小的一部分还在凡世，我就把你当作我的一切"（34）的感慨。当放弃了控制和操纵后，人就有能力去追求更为宽广的爱和成就了。

泰戈尔虽然总在诗中向神祷告，但他并不是向神祈求财富和权力，而是祈求建立崇高精神的力量。泰戈尔祈求神，"给我力量，让我永远不抛弃穷人，永远不向恶势力屈服。"（36）神的爱给个体带来纯净的灌顶，让人成全至善的神性。更关键的是，神之爱在人所遇到的困境中恒久地发挥着力量，"当舌头上陈旧的语言枯死，心田又响起一支心曲；衰老的路断绝之处，新的国度又神奇地显现。"（37）越是在这种危急的困境中，越能体现出人的有限性，也就能感受到神意的无限和伟大。这里的神意，也可以理解为一种世界精神。对于泰戈尔来说，这样一种精神是通过奉献才能内化为自己的精神品质的，正如面对神的求乞，如果你只献出一粒玉米，那么你也只能收获一粒金子。（50）所以吝惜自己奉献之事的人，最终也会陷入自我懊悔，"我畏缩着不献出生命，所以未能纵入生命的大海。"（77）奉献本身并非收获或增长的前提，而是与增长互为表里的一种行为模式。它是从内向外的回返和创造，只有在这种相交相融的喜乐之事下，神迹和灵智才有可能成为现实的处境。"对你的奉献，不会使世界贫穷。"（75）对神的奉献，就是一种对精神信仰的皈依，它只会使广大的外在世界和主观自我都变得愈发富足而圆满。

　　神的成就，甚至能让无用的灯火都变为人心的救赎希望，这个灯火的意象，无疑是我们解读第 64 首诗这样隐微的象征诗的关键。这首诗讲述了"我"向河畔的一位神秘女子借灯却屡屡被拒绝的片段场景。尽管无边无际的天空里，人们都在怀抱着无边无际的孤寂，但是天道就像"天灯"，是均衡地布施给整个世界的众生的，它不会为了某个特殊的问题、某个特定个体而存在，只是如同一个神秘的女子，在河灯的光华里默然漂移，最后融入灿烂的万家灯火中去。神的馈赠本身，不是为了某个单一的目的而设计，也不会在被使用的过程中枯竭。"你给我们凡人的礼品，满足了我们所有的需要，可又完好无损地回到你那里。"（75）就像中国的哲人老子所说的"道"一般，"虚而不屈，动而愈出"（《老子》第 5 章），所以就应该顺其自然地处理这种世界本体带来的恩典，"绵绵若存，用之不勤"（《老子》第 6 章）。不必收藏，也无法收藏，它像流水一样流过我们的生命，对于我们而言就像空气一样，是与我们同化为一体的"微妙玄通"的实在。

正是因为神的美和力均衡地弥散于万事万物之中，所以泰戈尔的宗教才是一种"人的宗教"，是一种为了世上遭受苦难的众多平民所播散的大爱。神与人是一种平等、自由而体己的关系，而不是传统宗教的那种包含宰制属性的权力关系。"你是我众兄弟中的一员"（77），理解了神的遍在性，才会将对神的侍奉和尊崇转化为对社会公共事业和周边亲友的关心和爱护。这样一来，泰戈尔的宗教才是作为一种经世致用色彩浓厚的人文精神而存在，而不是一种深藏于书本和秘阁中的空头仪式。在这样整全而平和的修行中，渐渐地，生活就会褪去其庸常、琐碎和无力的表象，逐渐被某种神圣的属性加持，逐渐获得了圆满和充盈。"我抵达永恒的乐园，这儿万物不灭——无论是希望、幸福，还是透过泪眼看见的面容。"（87）这样"万物静默如谜"的永恒境界，就是泰戈尔所憧憬和宣教的"圆满"境界。当然，这样的宗教在世上毕竟是罕有的，人们趋之若鹜的还是那种给人许诺现实利益和来世幻景的宗教和信仰，于是，"只有破庙里的神无人祭拜，苟延在不死的轻视之中"（88）。或许这本身也是一种幸运吧。真理虽然被世人冷落，但它也借这种冷落而得以保全自身的殊胜和独立，避免了像其他的信仰和观念那样，虽然风光时热闹非凡，但"时候一到，就被推入遗忘的圣河里"。（88）凭借某种奇丽外表获得一时名声的偶像，其周期也是短暂的，总会在时移世易后，就迅速地归于沉寂。只有真正的带着诗性智慧的信仰，才能成就我们的生命和生活，最终成就我们精神深处的安宁和满足。

四、作为终结者的神

整部《吉檀迦利》诗集，有一条隐含的脉络，就是人的出生、成长、悟道和死亡，这也与印度传统的"人生四期"（梵行期、家居期、林栖期、遁世期，即学习成长、成家立业、修行、隐居四个阶段）隐然对应。拟想的主人公"我"经过人生不同阶段的蜕变和转化，最终在空灵的妙悟中达成一个完满的圆环。对于死亡，泰戈尔并不将其视为生命的对立面，而是将其看作生命的一种完成形式。所以，在最后的十几首诗中，他拟想自己临终时的心灵动态，将自己对死亡的理解做了最为直观的表述。死亡在大多数人看来，意味着生命的终结和幻灭，对于泰戈尔来说，却是"一生最后的圆满"（91），是一生行止和修业的顶点。泰戈尔把死亡的降临比作一场盛大的婚礼，比作一场假期里开始的长途旅行，或者比作母亲将右乳从婴儿口中拿开后，又将左乳塞到他的口中。（91，93，95）"因为我爱今生，我知道我必定也爱死亡。"（95）不将死亡与生命的关系做一种断裂式的理解，就能战胜对死亡的恐惧，以平常甚至虔诚的心态来思考自己的死亡，毕竟不论如何恐惧和逃避，这都是每个人最后的终局。

泰戈尔为我们留下了三份关于死亡的方案，让我们能够坦然地拥抱死亡。死亡给人带来的恐惧，首先是对于自我消失的惊悸，其次是对死后未知状况的恐惧，最后是来自肉体凋零时的痛苦。针对关于自我的执着，泰戈尔在整部《吉檀迦利》中描述充盈于整个宇宙的神性——也就是那个"大我"，而肉体自我的消逝，只是融入了这个永恒的大我之中了而已。针对死后世界的未知和恐怖，泰戈尔将其想象为生的一面镜子，因此，只需要以理解生的方式理解死亡，就足以超越将死亡和死者视为"异物"的俗世观念，把死看作一种"永恒的复归"了。正如泰戈尔所说，"清晨当我看见满天霞光时，立刻觉得我不是这世界的陌生人，那不可思议的，无名无形的，以我亲生母亲的姿势，把我搂在臂弯里。甚至在死亡里，同样不可知的，将以我熟悉的面目出现。"（95）对于死时的痛苦，泰戈尔也以一种甜蜜的幸福感来宽解读者，"光明之海滋养的百瓣莲花里深藏的花蜜，我曾畅饮，为此我得到祝福"，"无从接触的他的摩挲，使我的肢体快活地颤动"（96），对生命本质的彻悟，带来的是一种身体性的感受，这种欣悦足以克服我们本能的死之恐惧，让我们可以微笑直视死亡，对人如是描述临终前的感动："我看到的一切，无可比拟。"（96）

有了这三个认识，我们也就可以像泰戈尔那样，借助死亡来思考生命和存在。中国的圣人孔子认为："不知生，焉知死。"而放到印度文明和泰戈尔的语境里，则可能是"不知死，焉知生"。死为生提供了边界和顶点，死确证了生的有限性。正因为生命有限，生时的一切功业才是可以估算价值的，因为我们无法想象一个无限之物的价值。所以，死就像一场终末审判，为生提供了一个阔大的参照系。人生迷茫时，大可以设想自己将来临死时的情形：据说人临死时，脑海中会如同走马灯一般闪过生前的所有重大事件和场景，那时自己的脑海里，会怀念什么事情呢？回想此生经历时，会最为眷恋什么东西呢？正因为面对死亡时，外在的一切价值体系都将自动瓦解，平时看重的那些功名利禄也将显得不足为道，都成了虚妄之物，因而想象大限临前也最能直抵人心，做出最为贴近本心的判断。泰戈尔希望我们面对最后的死亡时，可以安恬地将自己的整个生命托付给神和世界，"我秋日夏夜酿制的所有的美酒佳酿，我繁忙一生的收益和收藏，全放在他的面前。"（90）死亡是一生的总结，是一生的着落，是一生的完成，这也是海德格尔所说"向死而生"的要义所在。参透了死，我们才有可能参透《吉檀迦利》中泰戈尔所体悟到的一切殊胜的妙理，拈花微笑，万象团圆。

"有一只眼睛将从蓝天俯视我，默默地呼唤我。我将一无所有，绝对的一无所有，我将在你的足前拥抱至高无上的死亡。"（98）"让我双手合十向你顶礼，与此同时，我所有的歌曲，聚集它们众多的调子，汇成一股洪流，流入宁静的大海。像一行思乡的大雁，日夜飞向它们山中的巢，让我双手合十向你顶礼，与此同时，我的全部生命踏上返回永久故乡的旅程。"（103）

《吉檀迦利》第三十五篇大约作于 1900 年，1901 年以《祈祷》（*Prarthana*）为题在《祭品集》中发表，1911 年被译为英文收入《吉檀迦利》。1917 年，泰戈尔在国大党会议上朗读了这首诗的英文版，彼时题为"印度的祈祷"。

《吉檀迦利》中的诗歌排布看似杂然无序，实际有章可循。第一篇至第七篇是序曲，唱出了诗人作歌的缘由，即听从神的命令，唱出生命的献歌，从而实现自己与神合一的愿望；第八篇至第三十五篇是第一乐章，主题是对神的思念；第三十六篇至第五十六篇是第二乐章，主题是与神的会见；第五十七篇至第八十五篇是第

五、《吉檀迦利》第三十五篇："在那里，心是无畏的"

《吉檀迦利》第三十五篇不同版本比较

孟加拉文	英文	冰心自英文译	笔者试译
চিত্ত যেথা ভয়শূন্য, উচ্চ যেথা শির,	Where the mind is without fear and the head is held high;	在那里，心是无畏的，头也抬得高昂；	在那里，心是无畏的，头是高抬的；
জ্ঞান যেথা মুক্ত, যেথা গৃহের প্রাচীর	Where knowledge is free;	在那里知识是自由的；	在那里，知识是自由的；
আপন প্রাঙ্গণতলে দিবসশর্বরী	Where the world has not been broken up into fragments by narrow domestic walls;	在那里，世界还没有被狭小的家国的墙隔成片段；	在那里，院墙从不将世界分割成碎片；
বসুধারে রাখে নাই খণ্ড ক্ষুদ্র করি,			
যেথা বাক্য হৃদয়ের উৎসমুখ হতে	Where tireless striving stretched its arms towards perfection;	在那里，话是从真理的深处说出；	在那里，话从心底说出；
উচ্ছ্বসিয়া উঠে, যেথা নির্বারিত স্রোতে	Where the clear stream of reason has not lost its way into the dreary desert sand of dead habit;	在那里，不懈的努力向着"完美"伸臂；	在那里，努力通过不受阻碍的水流流向各地各方，奔向圆满——
দেশে দেশে দিশে দিশে কর্মধারা দায়			
অজস্র সহস্রবিধ চরিতার্থতায়---			
যেথা তুচ্ছ আচারের মরুবালুরাশি	Where the mind is led forward by thee into ever-widening thought and action---	在那里，理智的清泉没有沉没在积习的荒漠之中；	在那里，由于人性，陋习的荒漠从未吞噬理性的清泉；
বিচারের স্রোতঃপথ ফেলে নাই গ্রাসি,			
পৌরুষেরে করেনি শতধা; নিত্য যেথা	Into that heaven of freedom, my Father, let my country awake.	在那里，心灵是受你的指引，走向那不断放宽的思想与行为——	在那里，你是所有行为和思想喜悦的引领——
তুমি সর্ব কর্ম চিন্তা আনন্দের নেতা—			
নিজ হস্তে নির্দয় আঘাত করি পিতঃ,		进入那自由的天国，我的父呵，让我的国家觉醒起来罢。	天父啊，用你的手无情地撕开伤疤，让印度在那样的天堂中觉醒吧。
ভারতেরে সেই স্বর্গে করো জাগরিতা।			

三乐章，主题是欢乐颂；第八十六篇至第一百篇是第四乐章，主题是死亡颂；最后三篇是尾声，概括了诗集的内容和意义。本诗是第一乐章的最后一篇，在这一乐章中诗人先写神就在普通的劳动者中间，继而倾诉自己对神的渴慕与所求，表白自己愿意抛弃一切世俗欲念，把爱无私地献给神，最后本诗祈祷神使祖国觉醒。诗歌前部先描绘了一个自由的理想的世界，后两句赞美神是"所有行为和思想喜悦的引领"，亦即神是至高无上的，希望神能将祖国带入前文描写的理想世界。

这是一首充满宗教气息的抒情诗，但从中不难看出诗人在世俗层面对于祖国的热爱。诗人虽然向往一个独立的印度，但所持有的并不是狭隘的民族主义。诗中没有对殖民者的直接批判，不宣扬到底是印度教徒还是穆斯林该领导印度，而是提出了诗人心目中印度的样子，呼吁人们觉醒，为创造这样的理想世界努力。

诗歌创作时，诗人刚从孟加拉乡村搬回加尔各答不久，虽然创作尚未进入后期政治抒情诗的阶段，但诗人仍在诗中清楚地表达了自己的立场，即他所认为的独立不仅是政治上的独立，不只是从英国的统治中独立，不只是掌握权力，而是一个民族中个人的独立、知识的独立、思想的独立。独立的地方，人们不再恐惧，可以高抬起头有尊严地生活，人人可以平等地获取知识。独立的地方，人与人没有隔阂地住在一起，没有贫富的分别。独立的地方，人们可以无所顾忌地讲出内心的真理。独立的地方，人们的努力或工作、活动不受政治的限制。独立的地方，没有繁琐的行为、不合理的习俗，理性和知识将代替迷信。诗人向全能神祈祷，希望神能用自己的手将印度变成这样一个自由的国度。当印度大地上不再有地位高低的分别、虚伪、苦难、迷信时，印度将成为天堂。

诗人在把孟加拉文诗作自译成英文时，一方面考虑到了欧洲读者的接受问题，将原诗中充满印度宗教色彩的表达做了欧洲本土化的处理，并在英文版中对有些地方做了更加细致的说明，因此，英文版可以看作是诗人用英文给诗歌所做的注解。另一方面，20 世纪的前 10 年，诗人接连经受亲友去世的打击并因遭受质疑而退出民族解放运动，由此展开了对于生死和现实问题的反思。故而，英文版对于原作的创作性改写不仅重申了诗人的政治理想，还体现出了对于人类的理想关照。

" যেথা গৃহের প্রাচীর আপন প্রাঙ্গণতলে দিবসশর্বরী বসুধারে রাখে নাই খণ্ড খুদ্র করি " 直译是"在那里，院墙没有日夜在自家的院子中将居所分成碎片"，这里的"居所"指的是神的居所，即世界，"日夜"即"总是"，因此笔者将这句译为"在那里，院墙从不将世界分割成碎片"。该句的英文版是"Where the world has not been broken up into fragments by narrow domestic walls"。（在那里，世界还没有被狭小的家国的墙隔成片段。）如果说在 20 世纪初，"院墙"还只是隐喻印度内部分裂的社群，在自家的院子即印度大地上进行区隔，那么到了十年后的英文版中，泰戈尔对这两组概念做了升格处理，用"院墙"象征不同国家、不同民族、不同宗教之间的隔阂，造成的区隔也不仅限于印度内部，而将眼光放大到了世界上国与国之间、民族与民族之间的关系。英文版补充了孟拉加文版中没有的"narrow"（狭窄的），可见诗人认为单纯推崇某一个民族或某一种宗教是一种狭隘的民族主义，世人不应因为民族宗教的不同而产生隔阂。

"নিত্য যেথা তুমি সর্ব কর্ম চিন্তা আনন্দের নেতা"直译为"在那里，你总是所有行为思想喜悦的引领"；英文版该句为"Where the mind is led forward by thee into ever-widening thought and action"，进一步解释了何为"喜悦的引领"，即使人放宽思想和行为（widening thought and action）。更直白地来说，泰戈尔重视人自由思考与表达的权利与能力。正是由于这一理念，泰戈尔在反对殖民统治下没有自由的同时，又对民族主义运动有所保留；正是由于这一理念，泰戈尔才能描绘一个没有被"狭小的家国的墙"分割的世界。如此看来，泰戈尔实在是一个"现代"的诗人。他对于"积习／陋习的荒漠"（তুচ্ছ আচারের মরুবালুরাশি）的否定与对于自由的向往和热情，与现代以来哲人学者注重的个体思辨相呼应。对于新旧事物的批判性认知，在微观上是个人的思想进步，中观上是以印度为代表的东方国家解决其现代性发展困境的关键，宏观上则体现了现代人类社会应该追求的积极反省的能力。

孟加拉文版最后一句中的"用你的手无情地撕开伤疤"（নিজ হস্তে নির্দয় আঘাত করি）与前文的理想世界形成对比，体现出现实中国家要想觉醒并不能单纯坐等神的降临，而是需要经历阵痛，也反映出泰戈尔虽然充满理想主义，但也能认清现实，有一颗清醒的头脑。英文版删掉了这句话，只说请神将印度带入一个"自由的天堂"

　　　　　　　　　　　　　　　　　　　圆满主义者：泰戈尔

（heaven of freedom）。一方面这种非暴力的方式更容易为处于各种背景下的读者所接受，另一方面也反映了泰戈尔心境的变化。在经历了一系列人生打击之后，诗人变得更加平和，对以"无情地撕开伤疤"觉醒的方式进行了反思。

如果只有优美的文辞，泰戈尔可以被称为优秀的诗人；如果加上对于国家的热爱与对现实的关切，泰戈尔或许会被称为民族诗人。而"世界诗人"泰戈尔不囿于一时一地一群人，随着时间的推移和阅历的增加，他的作品愈加成熟，思想也更加深邃，并把世界装进了心中。

《刚与柔》：从心泉喷涌出来的歌[①]

从 1881 年到 1901 年，是泰戈尔诗歌创作的前期，这一时期诗人的主要创作体裁是故事诗，如《暮歌》《晨歌》《思绪集》等。其中诗集《刚与柔》于 1886 年出版，是泰戈尔被凡人与外在事物、人类的爱与死亡等问题吸引，引发深刻思考后写下的，该诗集题材丰富，文风独特，同时也展现了青年人的勃勃生机。

在《刚与柔》开篇，诗人专门写了一篇说明，在说明中诗人歌颂了青春的美好，分享了自己在书写《刚与柔》时青春豪放的状态，也提到了自己不得不忍受诗歌理论家和文艺批评者的尖刻抨击。诗人欣赏前辈的写作习惯、尊重兄长的创作风格，却保留了自我的独立与狂放。如诗人所言："《刚与柔》中的诗，是从心泉喷涌出来的，如果说曾与外界的因素相融合，那也是次要的。"除了青春的激情，作者还描写了人生道路上死亡带给他的强烈感触。

死亡这一意向在泰戈尔的诗歌生涯中可谓贯穿始终，诗人赋予了死亡意象极高的哲学意义和美学价值，通过人生体验和哲学思考，诗人在思想上达到了生与死的和谐境界。泰戈尔主张人不断追寻真理，不断向无限性趋近，以达到"梵我合一"的目的。死亡在泰尔戈看来便是达到"梵我合一"的途径之一，泰尔戈对于死亡的诗意描写和哲学思考，呈现出一种形而上学的意蕴，具有丰富的美学意

---

① 本文由鹿梦琪撰写。

义和价值。对死亡的深刻认识，泰戈尔自认是其诗歌的一项特殊内容，它体现于泰戈尔不同时期创作的各类作品中，而首次出现，便是在诗集《刚与柔》中。

除了对死亡的思考，《刚与柔》在题材上亦有新的开拓，标志诗人开始面向人生，思考审察外界和面向现实生活，并开始形成自己的独特艺术风格，这种艺术风格贯穿了诗人之后的诗歌创作。

《刚与柔》中的意象梳理

泰戈尔的诗中，充满了对自然意象的描写，体现了对自然之美的歌颂与向往。泰戈尔特别擅长运用象征主义的艺术表现形式，春天、阳光、飞鸟、天空等都是诗人常用的意象，这些意象在诗句中代表不同的美和追求。

诗集《刚与柔》在题材选取上更加广泛而新颖，泰戈尔歌颂了象征着希望和力量的"新风"、象征着心灵牧野的"林荫"、象征着青春和甜蜜的"春天"，象征着自由和信赖的"小花"；诗人质问了铁石心肠的"大地母亲"，赞扬了想象中的美丽爱人的玉臂、纤足和胴体，并着墨歌颂了青春。诗人还想象了"夜"的龙女编织春梦花环，泪水汇成冥河织就黑暗，落日带着离歌熄灭。

在诗集的中后段，诗人直抒胸臆，以第一人称表达自己内心的痛苦挣扎，并试图和神对话，祈求神的降临。泰尔戈"梵我合一"的思想此时已经体现，人生的目的就在于亲证与"梵"的合一，从而获得最高的自由与快乐，达到永恒。

在诗集的最后，泰尔戈利用长诗直接对话孟加拉大地母亲和孟加拉族人，呼唤族人睁开眼睛，觉醒意识，鼓起勇气，勇敢奋斗。诗句体现了泰尔戈独特的民族主义观，其特点是关注人，关注人的个性自由，主张摆脱精神的封闭状态，追求心灵的自由。

南亚文学中的海洋意象

不同地域的文学中，海洋呈现出不同的象征意味。伴随人类对海洋的逐渐了解和开拓，海洋意象的内核也在发生变迁。例如在罗马人的神话里，海神波塞冬是有着强烈侵略性、惊人战斗力和极大野心的神，受到爱琴海附近希腊海员和渔民的崇拜。而海明威小说《老人与海》中，大海呈现出安详、宁静、祥和、波澜不惊的状态，但又蕴含着无穷无尽的力量。主人公既对海有依赖性，更对海有一种征服欲望。

由于地理位置的自然属性，印度洋成为世界各大洋中最早的海运中心，南亚文学中海洋亦时有出现。但由于印度河、恒河流域文明高度发达，在南亚的文学叙事中，海洋的展示度远不如河流。印度三大女神之一的拉克什米女神，居住在乳海中，在天人和阿修罗共同搅拌乳海时显现，当拉克什米女神从海洋中诞生之时，诸天都被她的美貌所震惊，但海洋只是幻想的场景，并无丰富的隐喻。印度史诗《罗摩衍那》中悉多被劫，哈努曼只身赴海岛寻找悉多，罗摩与十首王跨海大战，海洋更多的是背景和场地，缺少象征意味和情感叙事。

在泰戈尔浩如烟海的文学创作中，也经常出现海洋的意象。他在《金船集》的《致大海》中创造了与大海的精神联系。在听到暴风雨中普里朝圣者的船沉没的消息后，他写下了《海浪》。在这首诗中，他用无助的男人和女人在大海灾难性形象面前的呐喊表达了深刻的哲学思考。

《刚与柔》中的海洋意象赏析

泰尔戈善于将无形的精神活动、抽象的思想观念和深邃的哲理意识变成具体有形的、生动可感的艺术形象，大海便是其中一种。泰戈尔的诗集《刚与柔》中也出现了不少海洋相关的诗歌，如《海底》《大海》《海边》。因笔者能力有限，本章篇幅有限，无法在此全译《刚与柔》，故节选此三首出现了海洋意象的诗歌进行翻译和赏析，试图探寻泰戈尔对海洋意象的赋能。

সমুদ্র

কিসের অশান্তি এই মহাপারাবারে,

সতত ছিঁড়িতে চাহে কিসের বন্ধন !

অব্যক্ত অস্ফুট বাণী ব্যক্ত করিবারে

শিশুর মতন সিন্ধু করিছে ক্রন্দন।

যুগ-যুগান্তর ধরি যোজন যোজন

ফুলিয়া ফুলিয়া উঠে উত্তাল উচ্ছ্বাস --

অশান্ত বিপুল প্রাণ করিছে গর্জন,

নীরবে শুনিছে তাই প্রশান্ত আকাশ।

আছাড়ি চূর্ণিতে চাহে সমগ্র হৃদয়

কঠিন পাষাণময় ধরণীর তীরে,

জোয়ারে সাধিতে চায় আপন প্রলয়,

ভাঁটায় মিলাতে চায় আপনার নীরে।

অন্ধ প্রকৃতির হৃদে মৃত্তিকায় বাঁধা

সতত দুলিছে ওই অশ্রুর পাথার,

উন্মুখী বাসনা পায় পদে পদে বাধা,

কাঁদিয়া ভাসাতে চাহে জগৎ-সংসার।

সাগরের কণ্ঠ হতে কেড়ে নিয়ে কথা

সাধ যায় ব্যক্ত করি মানবভাষায় --

শান্ত করে দিই ওই চির ব্যাকুলতা,

সমুদ্রবায়ুর ওই চির হায় হায়।

সাধ যায় মোর গীতে দিবস রজনী

ধ্বনিতে পৃথিবী-ঘেরা সংগীতের ধ্বনি।

大海

这浩瀚无垠的大海躁动不安，

它时刻都想扯断束缚的链条。

呜咽晦涩的话语欲说又还休，

这大海竟如孩童般放声痛哭。

日复一日，

年复一年。

大海翻腾、宣泄、挣扎着。

只有天宇平静而沉默地倾听。

海之心撞碎在岸边的磐石上，

涨潮时海自毁，

退潮时海自灭。

自然之眼紧闭，

眼泪之海颤动。

叹举世之皆泣，

哀举步之维艰。

我要夺取大海的喉音，

我要以人言抒发心意，

我要平息永恒的渴望。

海风啊！请停止叹息，

让我的歌声变成乐曲，

日夜回荡在世界之极。

从修辞角度来看，此诗中，泰戈尔通过将大海拟人化，来表达自己的思想。《大海》一诗中，海洋表达了被束缚、被阻碍，无从发声，孤寂无人懂的意象。大海在诗中是"躁动不安"的，它想要"扯断束缚的链条"，诗人甚至将大海比喻成失声痛哭的孩子，字里行间表达了对大海的同情。同时借由大海被束缚、被阻碍的境遇，诗人表达了自己想要让博爱充满人间的夙愿。

从韵律韵味角度来看，此诗以隔行同韵脚的押韵方式为主，相近行同韵脚的方式为辅，রে、ন、য়、আ、নি 等韵脚多次出现，每一行音节数量近似。既在结构上形成对称之美，又在音律上形成呼应之美，读起来朗朗上口、气势磅礴。在"জোয়ারে সাধিতে চায় আপন প্রলয়, ভাঁটায় মিলাতে চায় আপনার নীরে।"两句诗歌中，采取了几乎完全相同的造句形式，诗句内部也形成了规整的对称，韵律表达出的那种妙不可言的意境和韵味，也加强了诗歌的神秘主义色彩。

从主旨思想角度来看，此诗也暗含了泰戈尔对自由的追求。追求自由和内心的平静，是泰戈尔诗歌中反复回荡的旋律。泰戈尔认为人在世俗世界中必须不断克服物欲和私心，才有可能通向无限的自由王国。在《大海》中，诗人对大海不自由的状况深表同情，并表达了自己抒发心意、平息躁动，让人间充满美与爱的决心。

সিন্ধুগর্ভ

উপরে স্রোতের ভরে ভাসে চরাচর

নীল সমুদ্রের 'পরে নৃত্য ক'রে সারা।

কোথা হতে ঝরে যেন অনন্ত নির্ঝর,

ঝরে আলোকের কণা রবি শশী তারা।

ঝরে প্রাণ, ঝরে গান, ঝরে প্রেমধারা --

পূর্ণ করিবারে চায় আকাশ সাগর।

সহসা কে ডুবে যায় জলবিম্ব-পারা --

দুয়ে একটি আলো-রেখা যায় মিলাইয়া,

তখন ভাবিতে বসি কোথায় কিনারা --

কোন্ অতলের পানে ধাই তলাইয়া !

নিম্নে জাগে সিন্ধুগর্ভ স্তব্ধ অন্ধকার ।

কোথা নিবে যায় আলো, থেমে যায় গীত --

কোথা চিরদিন তরে অসীম আড়াল !

কোথায় ডুবিয়া গেছে অনন্ত অতীত !

海底

万物在水面上漂浮，

生灵在碧涛中起舞。

繁星日月皆入大海，

永恒之泉不断注入。

注入生命，

注入歌声，

注入爱河，

这便是天与海的任务。

是谁突然淹没于海波？

晶亮的水花一起消失。

彼时我在思索人生归途何处，

谁知道我会在哪个深渊沉没？

海底的黑暗逐渐苏醒，

光不可至，歌声亦停。

无限的永恒隐藏在那里！

无限的过去沉默于何处？

从修辞角度来看，此诗中，泰戈尔使用了近似排比的修辞手法。"ঝরে আলোকের কণা রবি শশী তারা"里已经有了繁星日月的意象，紧接着"ঝরে প্রাণ, ঝরে গান, ঝরে প্রেমধারা"，连说了三处永恒之泉注入的地方，凸显出大海孕育万物之博大。在诗歌的末尾连用了两个 কোথা 和一个কোথায়，加强了气势，在情感充分铺垫后，引出作者的深刻思考，在视觉和听觉上都能给读者带来冲击之感。

从韵律韵味角度来看，全诗几乎全部以 র 和 রা 结尾，韵脚非常规整，整体语调向下，呈现出音律的和谐与规整之美。在排比中连续使用 ঝরে，加强了气势。全诗前部分读起来宛如吟唱，像来自海底的暗语，又像来自天际的神谕。仅有最后三行中出现了间隔的ত加ত 的韵脚，刚好是升华部分的感叹，韵律与情感暗合，充满音律之美。

从主旨思想角度来看，《海底》一诗中诗人表达了对美的歌颂。诗句开头，大海之景美不胜收，生灵万物与繁星日月皆在其中。泰戈尔认为，美是自由的符号，是在有限中达到无限境界的愉悦，美是人生价值的最高体现。诗人夸赞了天空海洋的美景，也思索着海底深渊的寂寥，富含人生哲理。诗歌虽然只有短短十几行，却表达了深远的哲理和思想，这种艺术表现能力可以说是泰戈尔对印度传统文化的继承。

সিন্ধুতীরে

হেথা নাই ক্ষুদ্র কথা, তুচ্ছ কানাকানি,

ধ্বনিত হতেছে চিরদিবসের বাণী।

চিরদিবসের রবি ওঠে, অস্ত যায়,

চিরদিবসের কবি গাহিছে হেথায়।

ধরণীর চারি দিকে সীমাশূন্য গানে

সিন্ধু শত তটিনীরে করিছে আহ্বান --

হেথায় দেখিলে চেয়ে আপনার পানে

দুই চোখে জল আসে, কেঁদে ওঠে প্রাণ।

শত যুগ হেথা বসে মুখপানে চায়,

বিশাল আকাশে পাই হৃদয়ের সাড়া।

তীব্র বক্র ক্ষুদ্র হাসি পায় যদি ছাড়া

রবির কিরণে এসে মরে সে লজ্জায়।

সবারে আনিতে বুকে বুক বেড়ে যায়,

সবারে করিতে ক্ষমা আপনারে ছাড়া।

海边

谎言和私欲在这里消失，

永恒和光明在这里响彻，

永恒的太阳升起又降落，

永恒的诗人放声在高歌。

歌声回荡在各处,

沧海呼唤着海岸。

在这里得见自己的面容,

心在恸哭,

眼含热泪,

百年久坐,

审视自我。

等长空中传来心灵的回应。

阴狠狡狯之人纵使能横行,

入阳光之地亦会羞愧难当。

开阔心胸,

拥抱众人,

原谅所有,

除了自己。

  从修辞角度来看,此诗中,泰戈尔也使用了近似排比的修辞手法。开头连续使用"永恒"这一词汇,一下子描绘出了海边无限光明之情境。同时诗人将沧海拟人化,将海浪拍打海岸比喻成沧海呼唤着海岸,此诗中的海成了次要的场景,作者通过海审视着自己的内心世界,通过拟人化和形象化的艺术手段表达自己的思想意图。

  从韵律韵味角度来看,《海边》一诗中每两行或四行变化一次韵脚,规律性明显。同时在句首也出现了韵律的对称。"চিরদিবসের রবি ওঠ,

অস্ত যায়, চিরদিবসের কবি গাহিছে হেথায়"两句诗歌首尾皆能呼应，读起来抑扬顿挫，美不胜收。诗歌中段四句皆以 ন 结尾，一三两句结尾为带地点格的名词，二四两句为不带地点格的名词，最后六句从韵律上为一个整体，以 ABBAAB 形式韵脚结尾。整体来看，全诗的韵脚既有规律又有变化，充满音律之和谐。

从主旨思想角度来看，《海边》一诗中诗人描绘了没有谗言充满永恒光明的大海之境，体现了诗人善于自省自问的精神境界。泰戈尔非常擅长在诗歌中把抽象的哲理性和浓郁的抒情性融于一体。作者对于自我和内心的审视，对于世界、外物和本我关系的思考，充满着宗教性哲思。印度教、佛教、婆罗门教、基督教和现代西方宗教哲学思想对泰戈尔的思想都有影响，而泰戈尔追求的则是属于人和艺术的宗教，以人为本，神我合一，因此原谅所有，却要自省自问。

《母爱》：对于母亲的怀念[①]

বড় আশা ক'রে এসেছি গো, কাছে ডেকে লও,

ফিরায়ো না জননী।

দীনহীনে কেহ চাহে না, তুমি তারে রাখিবে জানি গো।

আর আমি-যে কিছু চাহি নে, চরণতলে বসে থাকিব।

আর আমি-যে কিছু চাহি নে, জননী ব'লে শুধু ডাকিব।

তুমি না রাখিলে, গৃহ আর পাইব কোথা, কেঁদে কেঁদে কোথা বেড়াব -

ওই-যে হেরি তমসঘনঘোরা গহন রজনী।

　　我殷切地希望，

　　来到你身边呼唤你，

　　母亲，请不要让我远离你。

　　没有人会选择贫苦，

　　但我知道你会承受。

　　我别无所求，

只想坐在你的膝下，一遍遍呼唤着你。

　　如果不在你身边，

我将无家可归，哭泣着寻找庇身之所，

　　那将是永无止境的黑暗。

---

① 本文由宇航涛撰写。

这首小诗最早出版于 1883 年（孟加拉历为 1289 年），是世界诗人泰戈尔所写的关于母爱的一首小诗。这首诗后来被诗人谱曲，成了广为传唱的泰戈尔歌曲之一。印度籍电影导演帕尔塔·普拉提姆·乔杜里（Partha Pratim Chowdhury）在其 1982 年执导的电影 *Rajibadhu* 中选用了这首歌作插曲，用来表达电影人物对母亲的怀念。

这首小诗所歌颂的主题是母爱。在泰戈尔的众多作品尤其是诗歌当中，都表达出了他对于世间万物的热爱，其中也深具哲理，使得泰戈尔的诗歌不只是流于对世间万物的赞美，而是升华到了"爱的哲学"。不仅有"自然之爱"，更有"人之爱""神之爱"。泰戈尔的"人之爱"主要包括对孩童的爱，对母亲的爱，以及男女之间的爱。这首小诗所体现的便是"人之爱"当中的母爱。他对于"爱"的理解很深，所以读者在阅读他的作品时，往往能够找到情感上的共鸣。这也是泰戈尔的作品能够广为流传，成为经典的原因。

这首诗的开头，作者直抒胸臆，强烈表达了想要到母亲身边，呼喊母亲的愿望，并且想要时时刻刻陪在母亲身边，不希望与母亲分离。在表达了自己的强烈情感之后，紧接着又刻画了母亲平凡而又伟大的形象：没有人会选择贫苦的生活，只有母亲，在不管什么样的境况下，依然会选择接受当下的生活，无论是贫穷，抑或是疾病，她都不会选择逃避，这就是母亲。

在对母亲的形象进行刻画之后，作者从一位母亲的孩子的角度出发，说出了自己最想要做的事情，就是坐在母亲膝下，呼喊着母亲。并且这些愿望是以摒弃其他一切事物为前提的，这些愿望是唯一的。

同时，作者也在此处为读者们描绘了一幅温馨的画面：孩子坐在母亲脚边，头枕着母亲的双膝，母亲用双手轻抚着孩子。这样温馨的画面令读者动容。

在诗歌的最后，作者并没有使用强烈的情感和华美的辞藻对诗歌的主题母爱进行歌颂，而是站在一个不在母亲身边的孩子的角度，描写了不在母亲身旁，缺少母爱，四处寻找母爱却毫无结果的景象。通过这些景象的描写，母爱的可贵之处就被衬托出来，给读者一种"润物细无声"的感觉。这也是作者想要表达的内容：母爱如同涓涓细流，滋润着每一个需要被爱的孩子，让他们感觉到温暖与关怀。

母爱作为泰戈尔诗歌中一个重要的表达意象，被赋予了更多的平凡而非辉煌。诗人善于从普通生活中的普通事物以及人物心理入手，以小见大，描写出伟大的母爱。

泰戈尔除了创作出大量的文学作品之外，在艺术方面同样也有很深的造诣，泰戈尔歌曲便是其艺术成就的代表。中央音乐学院陈自明教授经过调查研究后认为，泰戈尔一生中共创作了 2006 首歌曲，这些歌曲在孟加拉地区的音乐界占有重要的地位。这些歌曲充分融合了印度古典音乐、孟加拉传统音乐以及西方音乐的特点，在孟加拉地区广为流传。歌曲当中也反映了泰戈尔想要歌颂的主题思想，并通过演唱的方式进行传播，具有更大的影响力和感染力。研究泰戈尔歌曲不仅能够领略到音乐之美，还能学习泰戈尔的文学思想。同理，除了文学价值之外，这首诗也具有一定的艺术价值，可以作为研究泰戈尔歌曲的入门之选。作为泰戈尔歌曲的代表作之一，此曲在印度和孟加拉国的传唱度很高，许多印度以及孟加拉国籍的歌手都曾经演唱过这首歌。

对于读者来说，好的作品往往能够让人身临其境，产生情感上的共鸣。这首小诗情感细腻真挚，没有过多使用感情色彩强烈的语言来进行气氛的渲染，但同样能够打动人心。即使是被谱成歌曲演唱之后，其旋律依然能够营造出诗歌本身所要表达的情感。读者在阅读泰戈尔的相关作品时，需要仔细品味作者的词句。无论是华丽的辞藻，抑或是朴素的语言，都是作品主题的彰显。阅读泰戈尔的作品，就是要通过作者的遣词造句来探索其丰富的内心世界，感受作者想要传递的情感。例如这首小诗，篇幅虽短，但仍能够让读者体会到母爱的存在以及母爱的温暖。

泰戈尔的作品在东方文学乃至世界文学史上留下了辉煌的印记，无论是泰戈尔的诗歌、歌曲，或是散文、小说、戏剧等，这位世界诗人给我们带来的精神飨宴，我们要学会用心去感受。

《摩克多塔拉》：“政治思想蕴含最深刻的作品”[1]

泰戈尔一生共创作了八十多部戏剧，“不仅数量多，质量也高，而且有自己的特色……其戏剧家身份是无疑的，他在印度戏剧史上的地位是值得肯定的”。[2]《摩克多塔拉》以象征的手法，生动展现了 20 世纪 20 年代前后印度人民反抗殖民统治、争取自由独立的历史画面，也反映了作者在印度非暴力不合作运动蓬勃发展时期思想观念的新变化。

《摩克多塔拉》（意为“自由的瀑布”，英文译名 *Mukta-dhara*）的剧情大致如下：

乌多尔古特国的总工程师比菩提建造了一座钢铁大坝，用以截住流经西布特拉伊的瀑布，以惩罚西布特拉伊的百姓。乌多尔古特的太子在主政西布特拉伊期间，曾免除当地的赋税，因此被国王罗那吉特关进监狱。西布特拉伊的百姓在精神领袖、出家人塔南乔耶的带领下，为反对修建大坝、救出太子，与罗那吉特进行了斗争。太子在叔祖父、摩罕格尔国王维斯瓦吉特的帮助下得救，但他没有选择前往叔祖父的国家避难，而是独自一人来到大坝，从缺口处掘开大坝将水放出，而他自己也被奔腾的洪流冲走。

第一次世界大战后，由于英国实力的削弱、印度民族资本主义

---

① 本文由吴宇轩撰写。
② 唐仁虎，郁龙余，姜景奎，魏丽明.泰戈尔文学作品研究.昆仑出版社，2003，第 363 页。

的发展以及俄国十月革命的影响，印度掀起了民族解放运动的高潮。英国为维持其殖民统治，一方面准备宪政改革，拉拢印度上层阶级；另一方面颁布旨在镇压印度民族解放运动的《罗拉特法》。1919年4月13日发生的阿姆利则惨案，使得印度反英运动迅速高涨。在1920年的8月1日，以甘地辞去英国政府授予他的勋爵为信号，轰轰烈烈的非暴力不合作运动在全印度范围内展开。英国殖民政府对印度人民进行残酷镇压，到1922年初，连同国大党诸多高级领袖在内，共有三万多人被捕入狱。在这样的背景下创作的《摩克多塔拉》，虽然全剧只字未提印度与英国殖民者，却处处隐含着泰戈尔对于殖民统治的无情批判、对民族独立的向往，以及对甘地领导的民族独立运动的坚定支持。结尾处太子摧毁钢铁机器、释放奔腾的洪流的情节，象征着印度人民终将打破殖民者的桎梏，迸发出不可阻挡的强大力量，赢得民族的独立和人民的解放。

《摩克多塔拉》是一部象征剧，作品中诸多人、物都有着强烈的象征色彩。钢铁大坝象征着西方工业文明所造就的坚船利炮以及对殖民地的残酷压迫，自由的瀑布则象征着人民群众争取自由、独立和解放的力量。乌多尔古特国象征着英国殖民当局，它的属地、受其压迫的西布特拉伊则象征着英国殖民统治下的印度。剧中对于乌多尔古特居民的几处描述如"鼻子高""名门望族""字母跟白蚂蚁似的"[1]，实际上正是英国殖民者的特征。而出家人塔南乔耶，

---

[1] 泰戈尔.泰戈尔精品集·戏剧卷.白开元.安徽文艺出版社，2017，第117页。

则是印度独立运动领导者——甘地的化身。他带领人民群众同国王进行斗争，但又不主张使用暴力，与甘地的非暴力不合作思想相一致。

与泰戈尔其他戏剧相比，《摩克多塔拉》在剧本编排方面也有自己的独特之处。它不分幕、也不分场，剧情集中紧凑，没有过多的旁支情节。该剧"严格遵守了希腊古典剧的时间和地点的统一"[1]，所有情节都发生在乌多尔古特北岭山地的湿婆神庙附近，时间也固定在朔日湿婆神庙举行欢庆灯节的夜晚。这在普遍淡化"三一律"特征的泰戈尔戏剧中，是具有特殊性的。

《摩克多塔拉》所反映的社会生活的广阔度和政治思想的深刻程度是泰戈尔其他戏剧所不能及的。刘安武教授曾在《关于泰戈尔的戏剧》一文中指出，《摩克多塔拉》是泰戈尔戏剧中"政治思想蕴含最深刻的作品"[2]。而在《泰戈尔文学作品研究》一书中，作者更将其评价为"泰戈尔的最为杰出的剧本"。[3]

《摩克多塔拉》全面和深入地揭示了政治民族主义的狭隘的价值观和伦理观。"是对甘地的个人品格和他非暴力运动的一篇极好的颂文"，[4]也有论者认为它所反映的是殖民地与宗主国之间的斗

---

[1] 泰戈尔.摩克多塔拉——自由的瀑布.石真.新文艺出版社，1958，第79页。
[2] 泰戈尔.泰戈尔全集.刘安武，倪培耕，白开元.河北教育出版社，2000，第十六卷，第20页。
[3] 唐仁虎等.泰戈尔文学作品研究.昆仑出版社，2003，第401，404页。
[4] 克里希那·克里巴拉尼.泰戈尔传，倪培耕译，漓江出版社，1984年，第371页。刘安武先生在《关于泰戈尔的戏剧》一文中也表达了类似观点，参见《泰戈尔全集》第十六卷的序言，第20-21页。

争，^①还有论者认为作者意在警告人们宗派主义、愚民教育及为政治利益牺牲人性的危险，而生命和自由才是神灵的真正居所。^②正是在这部作品中，作者结合当时印度的民族运动现状，更为全面和细致地表达了自己对政治民族主义的看法。在《摩克多塔拉》中，作者不仅揭示了政治民族主义由狭隘的民族利益观所决定的功利主义原则，更指出了在其影响下所形成的价值观、伦理观、教育观乃至科技观对人性及人类根本利益的违背。泰戈尔通过琼德罗那特先生这一理想人物之口鲜明而完整地表达了这一思想，即"人类历史是世界各国人民共同创造的，所以，不应当在政治上出卖良心，也不要把祖国变成崇拜的偶像。……为了追求真理而死，人虽死犹生，任何一个民族如果为了真理而遭到毁灭，那么，他们在人类历史上也将是不朽的"。^③可见，作者认为追求真理才是人类的最高目标，而这一真理具体所指的正是人性的完善、人类生活的道义目标及人类社会的友爱和谐。在泰戈尔看来，为实现这一目标，即使牺牲了国家利益也是值得的。在《摩克多塔拉》中，作者通过布努瓦里和甘加尔的对话^④指出，当民族利益被赋予至上地位时，不仅民族之间不再平等，个人的道德和自由也丧失了其崇高意义，而质疑这种极端的民族主义立场的人们则将受到责难甚至迫害。

---

① 唐仁虎等．泰戈尔文学作品研究．昆仑出版社，2003 年，第 401 页。
② Antara Dev Sen. 'Nobel gazing'. The Indian Express, Apr. 2004.
③ 泰戈尔．泰戈尔全集．刘安武等．河北教育出版社，2000，第 14 卷，第 182 页。
④ 泰戈尔．泰戈尔全集．刘安武等．河北教育出版社，2000，第 17 卷，第 484、485 页。

除专制及暴政外，极端的民族主义立场还要求民众不计代价地为之献身。在其作品中，泰戈尔对这种将民族利益奉为最高利益，甚至借民族利益牺牲民众生命权益的行为提出了强烈的质疑。在《摩克多塔拉》中，直刺苍天、像乌云一样笼罩在人们头上、像魔鬼一样狰狞的水坝夺去了众多鲜活的生命，而它正是民族利益乃至民族主义的象征，作品中的一段对话尤其蕴含深意：

巴杜：小心，小兄弟们，小心啊。别走上那条路，还来得及回头啊！

市民乙：告诉我们为什么不要去？

巴杜：那里要举行血祭，拿活人作牺牲的血祭啊。他们抢去了我两个健壮的孙子，我的孙子再也回不来了。

市民丙：叔叔，为谁举行生人祭，供奉牺牲啊？

巴杜：为干渴嗜血的魔鬼。

市民乙：干渴嗜血的魔鬼？她是哪一个？

巴杜：她贪得无厌，她攫取得越多，她的欲望也随着增长。她的干渴的舌头像添了油的火焰一样越伸越长。[1]

在这段对话中作者故意没有明确为谁供奉牺牲，但从其对供奉牺牲对象的态度看，显然与其在《民族主义》中所表达的对民族主

---

[1] 泰戈尔.泰戈尔全集.刘安武等.河北教育出版社，2000，第17卷，第448页。

义的批判暗合。在这里作者也强烈谴责了为所谓民族利益的目标而牺牲群众生命的行为，而随后的对话则更进一步传达出作者对印度当时民族运动现状的担忧与无奈。

> 市民甲：疯子！我们是到湿婆神庙去的，那里怎会有嗜血的女魔？
>
> 巴杜：你没有听到消息？今天他们要把湿婆大神推出神庙，嗜血的阿修罗要登上祭坛的宝座。
>
> 市民乙：安静些，别说下去了，疯子。乌多尔古特的人们如果听见你说的这些话，他们会把你撕成碎片的。
>
> 巴杜：是的，他们向我身上撒泥土，孩子们也向我抛掷石块。他们全都说，"你的两个孙子献出了生命，那是他们的光荣。"
>
> 市民甲：真的，他们并没有撒谎。
>
> 巴杜：真的？如果生命的牺牲不能换回生命，如果死亡仅能召来死亡，湿婆大神怎能容忍这极度的损失？当心啊！孩子们，别走上那条路吧！①

通过这两段对话可以看出，诗人认为民族主义带来的生命的牺牲不仅违背了印度文化的传统精神，也是对神（终极意义上的）意的违背，或者如前文所言，是对真理的违背。同时这段对话也传达出了当时的民族运动中民众的执迷与狂热。而通过对巴杜的观念与

---

① 泰戈尔.泰戈尔全集.刘安武等.河北教育出版社，2000，第17卷，第448、449页。

处境的审视，我们也不难看出，巴杜的遭遇正是与诗人同样怀有反对极端民族主义者的真实写照。在那样的特殊时代中，他们难以发出自己的声音，即便有机会表达自己的观点，也只能成为狂热的民族主义信徒所攻击的目标。但即使在这种境遇中，诗人仍在不断地召唤人们不要走上极端民族主义的不归路。

在象征主义戏剧《摩克多塔拉》中，作者则是从反面来呈现这一问题的。作品中的乌多尔古特人与西布特拉伊人之间充满了敌意，他们嘲笑、攻击和诋毁对方的一切，并以此生发出自己的民族优越感。其实，优秀或劣等民族理论及侵略与屠杀的合法性正是在这种基础上诞生的，而历史上臭名昭著的德国法西斯主义及日本的侵华战争都是以此为信条继而危害整个世界的。而在这种时刻，真正的民族自豪感与爱国心已荡然无存，实际产生作用的只是以集体名义会合的无数个体的空虚、偏执的病态情绪。有学者在论及这种状况时指出："当民族主义者转向对付国内的外来敌人时，也是利用仇外心理挽救自尊心，但此时离种族主义已近在咫尺，爱国主义却被减弱。"①在此我们不能不对泰戈尔深邃的洞察力深表钦佩，同时也应意识到，只有在平等看待不同民族文化的基础上，才能避免这种偏执的民族主义情绪的产生。因而可以说泰戈尔在《摩克多塔拉》中所表达的这种观念正是其最初在《戈拉》中所倡导的平等的民族文化观的延伸与深化。

---

① 吉尔·德拉诺瓦.民族与民族主义.郑文彬.生活·读书·新知三联书店，2005 年，第 121 页。

《摩克多塔拉》则表达了作者对民众思想盲目性的忧虑。在这部作品中，作为群众领袖的塔南乔耶不仅承担了领导者的责任，也担负了思考者的责任，认识到这一现实的塔南乔耶备感无奈。

塔南乔耶：你们的力量真是只寄托在我的身上吗？如果你们这样说，那可确实使我变得软弱了。

加奈希：师父，不要试探我们吧！我们所有的力量，的确只在你一个人的身上。

塔南乔耶：那么，我失败了。我必须离开你们。[1]

随后他对乌多尔古特市民说道："你不想尊敬我，神就会亲手取得你们的尊敬，你们是幸福的。我深知那些不幸的人们，他们由于盲目崇拜以致失去了他们真正的师父。"[2]这表明泰戈尔认为民众自身的真实认知与觉醒是极为重要的，而盲从不仅不会令社会取得任何实质性的进步，还将导致南辕北辙的结果。

除上述谈到的问题外，具有强烈民族主义倾向的教育观念与教育方式也引起了诗人强烈的担忧。作者借《摩克多塔拉》中的小学教员这一形象生动地描绘了这种教育方式及其产生的恶劣后果。这位教员让自己的学生"从小就学会崇拜那些给乌多尔古特带来荣耀

---

① 泰戈尔. 泰戈尔全集. 刘安武等. 河北教育出版社，2000，第17卷，第467页。
② 泰戈尔. 泰戈尔全集. 刘安武等. 河北教育出版社，2000，第17卷，第477页。

的人物"，①而这种"荣耀"恰是通过战胜或征服其他民族得来的。为了维护这种"荣耀"的合理性，教员千方百计地诋毁与乌多尔古特处于对立地位的西布特拉伊人，同时极力抬高本民族的地位，最终在幼小的学生心中形成了一整套狭隘的民族主义逻辑，即对立民族的人民统统是"坏人"，他们的整个文化也极为卑下、无一可取。相比之下本民族则是高贵和伟大的，甚至其带有负面色彩的历史也被修正得毫无瑕疵。应该说这种教育思想与教育方式正是民族主义极端化立场的体现，有论者在评价这一倾向时指出："很自然，国家会运用日益强势的政府机器来灌输国民应有的国家意识，特别是会通过小学教育来传播民族的意象与传统，要求人民认同国家、国旗，并将一切奉献给国家、国旗，更经常靠着'发明传统'乃至发明'民族'，以便达成国家整合的目的。"②

　　虽然泰戈尔并不反对爱国主义教育，但他认为这种以政治民族主义目标为导向的教育方式违背了人类更崇高的理想和道德准则，有论者在评价这种反差时指出："在诗人寻求一种能够与真诚一道带来合作、敬畏、爱国主义及宽容的教育的时候，政治领导者却利用宗教蒙昧主义来为他们的政治目标服务。"③在泰戈尔看来，这种

---

① 泰戈尔．泰戈尔全集．刘安武等．河北教育出版社，2000，第 17 卷，第 444 页。
② 埃里克·霍布斯鲍姆．民族与民族主义．李金梅．上海人民出版社，2000，第 108 页。
③ Gitasree Bandyopadhyay. 'Rabindranath, National Education and India Today', from Bhudeb Chaudhuri, and K.G. Subramanyan, ed. *Rabindranath Tagore and the Challenges of Today*. Shimla: Indian Institute of Advanced Study, 1988. p. 171.

狭隘的民族主义教育并非真正有益于民族的发展，他在后来谈到教育制度的文章里指出："我们不能为某种教育方法贴上'民族'的标记。通过各阶层的共同努力兴办的教育方可称为民族教育。不管是本民族还是外来民族的统治下，以不变的宗旨约束全国的某种教育方式，不能说具有民族性，那是教派的教育，对民族是有害的。"[①]这种教育上的专制主义及偏执倾向令泰戈尔深感痛心，他认为理想的学校应该是这样的地方："在那里没有人向学生的头脑一味灌输妄自尊大的民族主义理想，没有人让他们相信这种理想是他们应该接受的最真实的理想。"[②]这种观念正与泰戈尔对人类共同目标与崇高价值的执着追求相一致，对他而言，民族的发展不应只是利己的，同时也应是利他的，而这种利他最终也将是利己的。泰戈尔所认为的民族主义教育对民族的有益或有害正是出于这种长远发展的考虑，出于对人类历史根本价值的确信。

　　而在泰戈尔的笔下，《摩克多塔拉》中的那位小学教员正是实利主义者的代表，他们奉行此种教育的目的无非是取悦统治者，进而为自己谋取实际利益。而统治者则需要利用这类人去实施自己的愚民政策或实现其他目的，作者借大臣之口指出："这种人也有他的用处。你要他们做什么，他们就老老实实地去执行，一成不变，天天如此。如果他们稍微聪明一点的话，他们就不会像机器一样被

---

① 泰戈尔．泰戈尔全集．刘安武等．河北教育出版社，2000，第 22 卷，第 360 页。
② 泰戈尔．泰戈尔全集．刘安武等．河北教育出版社，2000，第 20 卷，第 112 页。

人利用，事情也就不会这样顺利进行了。"①在泰戈尔看来，这种全面的愚民政策将导致个人精神的独立与自由不复存在，并与真正的民族独立背道而驰，而整个国家及其民众也将成为醉心于个人权力的统治者所利用的工具。

而深受民族主义价值观影响的不仅是国民教育，还包括一个国家或国民的科技观念。在《摩克多塔拉》中，乌多尔古特人热诚崇拜设计并督造大坝的比菩提，并给予其极高的荣誉，因为这座大坝能够帮助乌多尔古特人更好地控制西布特拉伊。在这一过程中，他们不仅无视大坝曾经或将要吞噬掉的无数鲜活生命（甚至视之为理所应当），还对能够更有效地奴役西布特拉伊人感到兴高采烈，至于后者的生存及发展权利，则根本不在他们的考虑范围之内。作者显然无法认同这种民族主义立场，因此设计了太子阿比吉特舍身炸掉大坝的结局。有论者从培养科技人员正确的道德观的角度分析了这部作品，并对阿比吉特的人本主义立场给予了很高评价。②应该说这一立场也正是泰戈尔的立场，对他来说，无论教育还是科技，都应以人为本，而这个"人"并不仅指本国的人民，更应包括所有作为个体的人，乃至整个人类。

泰戈尔的这一观点使之受到了广泛的非难与激烈的指责，但他

---

① 泰戈尔．泰戈尔全集．刘安武等．河北教育出版社，2000，第17卷，第446页。
② Abha Chatterjee. 'Exploring Ethical Dimensions in Tagore's Muktadhara'. Teaching Business Ethics, Nov. 2000.

圆满主义者：泰戈尔

宁愿忍受这种误解也不愿背叛自己对真理的信仰。其实在《摩克多塔拉》中，太子阿比吉特的境遇与泰戈尔极为相似，而阿比吉特的言语中，传达的也正是作者的信念。

> 巴杜：……太子，你能忍受吗？当你的心被撕碎的时候？
>
> 阿比吉特：由于湿婆大神的福佑，我能忍受。
>
> 巴杜：当四面都成了你的敌人的时候？当自己人诽谤你的时候？
>
> 阿比吉特：我将忍受到底。
>
> 巴杜：那么，也就无所谓恐惧了。
>
> 阿比吉特：没有，没有什么可惧怕的。[①]

其实不只是在对待民族主义的问题上，可以说，无论在任何情况下、在任何问题上，泰戈尔都在坚持自己对真理的追求。为了这一目标，他是不怕遭受众人误解的，因为在他心里，真理高于一切。

同样出于对真理的坚持，泰戈尔也反对任何形式、任何目的的暴力行为，并认为"为了祖国而使用暴力，就是对祖国使用暴力"。[②]泰戈尔对非暴力不合作运动的不予支持，部分原因也是由于他看到了其中的暴力性因素。在反对使用暴力的问题上，表面看来泰戈尔与甘地是一致的，其实两者间也有很大的不同。尽管在印度的民族

---

① 泰戈尔.泰戈尔全集.刘安武等.河北教育出版社，2000，第 17 卷，第 452 页。
② 泰戈尔.泰戈尔全集.刘安武等.河北教育出版社，2000，第 23 卷，第 255 页。

运动中甘地曾极力倡导"非暴力"的斗争方式，并且在斗争过程中一再强调非暴力思想的道义原则与目标，但这一方式的根本起因是在无力以暴抗暴的情况下将之作为不得已的斗争手段，甘地坚持这一方式的直接原因也只是为了使群众的斗争保持在可控的范围内，并力争取得更为理想的斗争效果。

而泰戈尔则是从人类崇高本性的角度思考这一原则的，因为对他而言，非暴力意味着对人类理想的确信，意味着对生命尊严与价值的尊重。因此，虽然他并未直接提倡这一原则，却认同其道义价值，同时也在自己的生活领域甚至精神领域中无条件地坚持这一原则。正是这一点使泰戈尔在日常生活中表现得极为宽容与随和，即使对仆人也极为迁就。也正是由于这一点，小说中的尼基莱什甚至想到在自己期望碧莫拉求取进步的愿望中也许就暗藏着暴力，应该说这一思想也是泰戈尔本人思想的体现。

从表面来看，泰戈尔所关心的这些问题似乎有些不切实际。但通过深入分析，我们不难发现，正是由于当初这些问题未能得到很好的处理或解决，才导致印度后来虽然取得了独立，却又面临诸多问题。可以说无论是印巴分治还是分治中的激烈冲突，无论政局的动荡或宗教矛盾，乃至国民经济发展的迟滞都无不源于独立前未能解决的诸多症结。

泰戈尔是从理念的高度来看待民族主义及其影响下的民族运动，但同时他也是从最为现实的角度来关注其中可能出现的具体问题，正是因此他的观点才具有了超越时代的特殊意义。泰戈尔进一步阐明了自己对印度独立的看法，他认为就当时印度国内的状况而言，"我们没有赢得民族自豪感的实力，甚至看不到获得这种实力的希望，我们只能乞求英国人大发慈悲。"这里不难看出，对于取得民族独立和自由的方式，泰戈尔有着自己与众不同的看法。他所关心的并非印度在形式上的斗争和独立，而是这个国家是否真正觉醒了，是否具有了获得真正独立的能力，应该说这是他思考印度民族运动的一贯原则。

正是出于这一原则，泰戈尔认为一个民族要获得真正的独立，首先要实现民族精神的独立。《摩克多塔拉》中的阿比吉特拒绝了塔南乔耶要完全追随之的要求，并郑重指出："你必须找出自己的道路。你如果跟随着我，那么，我就会挡住你的去路。"①塔南乔耶同样也因民众的盲目追随而欲离之而去。因为在泰戈尔看来，只有民众具有了独立自主的精神，并真正认清了取得独立的道路，一个民族才能具备获得独立所必须的信心与勇气，而单凭领袖的指引及盲目的热情是无法实现这一目的的。因此，在《摩克多塔拉》中作者借国王罗那吉特之口指出："你（塔南乔耶）的鼓励只能暂时掩盖或遏止他们的恐惧，除此之外，还有什么用处呢？外在的鼓励如果稍微放松一些的话，那内心的恐惧便会以七倍的力量冲出去，那时候他们就会一败涂地。"②而如果民众实现了内心的真正独立，民族运动就不至因盲从而误入歧途。这与泰戈尔后来所提出的"开始

---

① 泰戈尔.泰戈尔全集.刘安武等.河北教育出版社，2000，第17卷，第450页。
② 泰戈尔.泰戈尔全集.刘安武等.河北教育出版社，2000，第17卷，第466页。

自己新生活的种族或民族一定要有强烈的自信心"①的观点一致，因为在他看来，无论对于个人还是民族，要获得真正的独立，首先应实现思想或精神上的独立。

但仅有精神上的独立是不够的，一个民族要想获得真正的独立还应具有独立生存与自主发展的能力。因此泰戈尔并不热衷于形式上的民族独立，他甚至认为是否要把英国人驱逐出印度并不重要，因为更重要的是印度要具有获得独立的现实能力。在这一点上，他与甘地有着极大的相似。甘地同样认为，"印度面临的首要任务不是立即结束英国统治，而是追求自身完善。真正的司瓦拉吉是印度人实现自身完善和精神自主。当印度人能够作为强者站立起来时，就会有政治上的自由。"②在《摩克多塔拉》中，西布特拉伊虽然表面上获得了独立，但实际上仍受制于乌多尔古特，因此阿比吉特打通了南迪山口的道路，以使其能通过粮食贸易实现真正的自给自足，继而又炸毁了大坝，以免其再次受制于人。而在这部作品中，能够自由奔流的瀑布正是民族独立的象征。不仅如此，在泰戈尔看来，依靠制约和剥削西布特拉伊而表面强大的乌多尔古特同样"可耻可悲"，③因为它并没有表现出一个国家所应具有的独立、自尊、自强的精神。

---

① 泰戈尔.泰戈尔全集.刘安武等.河北教育出版社，2000，第 24 卷，第 271 页。
② 左学金，潘光，王德华.龙象共舞——对中国和印度两个复兴大国的比较研究.上海社会科学院出版社，2007，第 258 页。
③ 泰戈尔.泰戈尔全集.刘安武等.河北教育出版社，2000，第 17 卷，第 452 页。

在《摩克多塔拉》中，作者进一步肯定了民众个体或群体利益的正当性，肯定了人的尊严与价值的崇高，而批判了为民族利益牺牲人的利益的行径。

那么泰戈尔为什么会如此关注人的利益与价值呢？这其实与泰戈尔对人及人性，乃至人类历史的意义的认识有关，并包含着其对人的崇高本性的虔信。泰戈尔认为人的本性中蕴含着有限与无限两个方面，而人的使命在于发展自我中的"无限"的一面，以期认识最高真理。[①]诗人还将这一过程与"真善美"及"爱"联系在一起，指出"在完美的善中生活，就是实现人无限的存在"。[②]有论者在论及这一问题时概括指出，"泰戈尔的人性观告诉我们，人有两个方面：肉体的人（有限方面）和精神的人（无限方面）。肉体的人代表人的低级属性……而精神的人则代表人的高级属性、人的真正本质……泰戈尔认为，人类必须通过各种途径转化自己的人性，使自己的肉体性质转化为精神性质，使自己潜在的'真善美''和谐统一'的本性充分显现出来，从而使人类之间相亲相爱、幸福欢乐，使社会生活和谐统一、完美无缺。这就是人类奋斗的目标，也是人类的最终命运。"[③]

正是出于对这一思想基点的坚持，泰戈尔才把民族的独立视同

---

① 从汉译本全集的情况来看，诗人在其《正确地认识人生》（第19卷）、《人的宗教》（第20卷）、《诗人的宗教》（第21卷）、《宗教》（第21卷）、《小与大》（第24卷）等散文作品中均谈及此问题。
② 泰戈尔．泰戈尔全集．刘安武等．河北教育出版社，2000，第19卷，第35页。
③ 朱明忠．泰戈尔的哲学思想．《南亚研究》，2002年，2期。

于人的独立，并反对在这一问题上寻求捷径的任何企图，他认为只有"凭借自己的能力，经过奋斗能够得到并能永远保住的东西，我们方可安心地享用"。相反，如果是凭乞讨或别人恩赐得来的，"不管这东西多么珍贵，也丝毫不会增添我们的光彩。"①这表明，泰戈尔极端重视在寻求民族独立的过程中，人们是否真正确立了自信心并获得了独立的能力，人的尊严与使命是否得到了认可与维护，这一过程是否有助于人类道义目标的实现，在他看来，要延续与发展人类文明，其道德基础不可移易，而巩固这一基础的关键在于人的完善，因此，"我们不把信心寄托在任何新的社会机构上，而是寄托在全世界清醒地思索、崇高地同情、正确地行动因而传播道德真理的人们身上。"②很显然，在泰戈尔看来，人类社会发展的基础与目标全在于人的身上，因此，人，从单个的人到整个人类，成为泰戈尔思考所有问题的根本出发点，也是泰戈尔所认为的一切事物的最终目的。明确了这一点，我们就不难理解泰戈尔在看待民族主义问题时所提出的一系列意见及其所坚持的特殊立场了。

---

① 泰戈尔.泰戈尔全集.刘安武等.河北教育出版社，2000，第 23 卷，第 256 页。
② 泰戈尔.泰戈尔全集.刘安武等.河北教育出版社，2000，第 21 卷，第 274 页。

圆满主义者：泰戈尔

《齐德拉》："真正的女性"^①

印度丰富悠久、富有活力的民间文学为泰戈尔提供了丰富的创作素材。泰戈尔有诸多文学创作均取材于印度大史诗《摩诃婆罗多》，《齐德拉》也不例外。不过在《摩诃婆罗多》当中，涉及阿周那与齐德拉的情节并不复杂，更没有过多着墨于二人曲折的情感之路。在 1913 年英文版《齐德拉》的序言中，泰戈尔也清晰地介绍了大史诗中的故事情节。

大史诗中的基本故事是：般度五兄弟在流浪的过程中共同娶了木柱王之女黑公主。以五年为一个周期，五个兄弟轮流与黑公主生活一年。在不与黑公主生活的时间里，其他四人不能够去黑公主的卧室，否则就要受到应有的惩罚。然而，当时为了击退一伙危害般度兄弟的强盗恶人，阿周那迫不得已进入黑公主的卧室去拿自己的神弓，由此违反了规约。事后阿周那主动接受惩罚，自愿到森林中流放苦修十二年。

来到曼尼普尔王国之前，阿周那先遇到了龙女，背弃了不近女色的誓言，与龙女结婚，二人还育有一个女儿。然后他流浪到曼尼普尔王国，遇到了国王齐德拉瓦哈那以及公主齐德拉。阿周那当时惊艳于齐德拉的美貌，请求国王将女儿嫁给他。

---

① 本文由贺晓璇撰写。

国王问清阿周那的情况后，对他说明：曼尼普尔王族中有一位祖先普拉般遮那，多年无子嗣，为了能够得到一个继承者，这位先人进行了严格的苦修，感动了湿婆大神。湿婆大神赐福于家族，允诺他和家族后裔代代都会有男孩出世。然而到了齐德拉瓦哈那这里，只有一个女儿齐德拉。因此他就把齐德拉从小当成王子来培养，将来她要继承王位。因此国王对阿周那说，如果齐德拉将来生了孩子，那么必须留在曼尼普尔王国，做王国的继承人。如果阿周那答应，就允许他和齐德拉成婚。阿周那答应了这个条件，娶齐德拉为妻，在曼尼普尔都城中度过了三年的时光。在齐德拉产下一子后，他热情地拥抱了齐德拉，向齐德拉和她的父亲告别，重新开始流浪的生活。

孟加拉文版的《齐德拉》共有 11 场戏。戏剧中的男主角是《摩诃婆罗多》中般度五兄弟之一的阿周那（अर्जुन，Arjuna），女主角是曼尼普尔的公主齐德拉（চিত্রাঙ্গদা，Chitrangada）。一次偶然的打猎中，公主齐德拉遇到了正在苦修的阿周那，此时的阿周那正在为期十二年的流放惩罚中。齐德拉对英姿飒爽的阿周那一见钟情，并对他吐露爱意。但是当时的齐德拉没有如花的美貌和曼妙的身姿，从外形上来说，齐德拉并没有引起阿周那的爱慕之情，他因此告诉齐德拉自己身负十二年不娶妻的誓言，不配做她的夫君，由此断然拒绝了齐德拉的浓情爱意。但是齐德拉陷入苦恋之中无法自拔，于是祈求爱神玛达那和春神伐森特，希望他们能够赐予自己一天的完美容颜。爱神与春神答应了齐德拉的请求，并且赐予了她整整一年的美貌。

面对这样一位"陌生"的绝代美人，阿周那立刻打破了誓言，与"变身"后的齐德拉坠入爱河。其间齐德拉有喜悦、有痛苦、有纠结，而阿周那也多次尝试弄清眼前美女的真实身份，但都无果。一年还没有结束，阿周那已经对这样空虚的时光感到厌倦。而此时他从村民口中得知当地的保护人是公主齐德拉，于是对这位"不曾谋面"的公主逐渐产生了敬佩之感和莫名情愫。在一年时光将要过去之时，齐德拉向阿周那展现了自己真实的身份和容貌，然而结局"既出乎意料又在情理之中"，阿周那不仅没有斥责、怪罪、厌恶齐德拉，反而与真正的齐德拉相爱，实现了从身体的结合到精神的结合。戏剧就这样完满地结束了。

诗剧《齐德拉》在泰戈尔创作的戏剧中是比较有特色的一部，无论从人物塑造还是艺术特色方面都可圈可点。读者可以从以下视角来欣赏这部诗剧。

丰富饱满的人物形象——齐德拉

这部戏剧的主人公无疑是曼尼普尔公主齐德拉了。齐德拉形象的成功塑造，得益于这个人物在戏剧中心理、性格的转变以及主体意识的不断建立。在这一过程中，人物的心理、行动也恰到好处地诠释了泰戈尔本人的爱情观与婚姻观。剧中齐德拉的转变是一种蜕变，从自我意识模糊到获得独立的主体意识的过程，在这一过程中，她明白了真实的自我是成长为一名真正女性的基础，真实是爱情的根基，虚幻的外表只是一时的愉悦，而不是长久深厚的感情来源。

模糊的自我意识。在一定的社会生活当中，自我的身份总是相对于"他者"而存在的。一个人不能单独地认识自我，只有存在一个参照系，才能够获得自我形象认知，进而逐步建立起自我意识。更重要的是，这种相对于"他者"的自我意识的形成不是一蹴而就的，甚至可以说不是一帆风顺的，其中经常会遇到辛酸与痛楚。但这也是生而为人必须经历的过程。"我是谁"这个命题自古以来就是人类不断追求却似乎永远得不到确切答案的问题，也正因为这种不确定的魅力，使得人类社会能够不断前进。对于个体来说，这也是从降生之日起就必须面对的问题，人的一生或许都在为这个问题而不懈奋斗。

剧中的公主齐德拉，呱呱坠地之时，她在生理性别上是一个小女孩。但这样一位小公主彻底偏离了家族的"期待视野"：她的出生打破了神意，在所有人眼中，她本该是一位能够保家卫国的王子。但是齐德拉的父亲并没有因为她的生理性别就放弃对齐德拉男性气质的塑造。因此从小到大，齐德拉就在王子教育的环境中成长，在王室的培育下，具备了在那个社会当中只有男性才能具备的社会性别与形象：在外形上，她打扮得像个男子，是一位假小子；在能力上，她具有保家卫国的武艺，能够像王子一样承担起对国家的责任；更重要的是，在自我意识当中，齐德拉就认为自己是一位王子，她还没有对自己的生理性别和社会性别的不同产生困惑。可以说，如果没有阿周那的出现，如果没有齐德拉对阿周那的一见钟情，齐德拉也许一生都是父亲的"好儿子"，将来也会是百姓的"好国王"。当然，齐德拉也会结婚生子，但如果没有爱情的催化剂，她也许都不会明白在当时什么是世人眼中的"女性气质"。

挣扎的自我意识。前文提到，对阿周那的爱意使得齐德拉的自我意识开始动摇，她对自己的身份产生了困惑。这里的身份困惑主要是以性别为基础的身份，并且这样的性别身份也会随之带来各种各样社会当中约定俗成的规约。对于此时的齐德拉来说，她认为阿周那不喜欢自己的原因就是因为她没有当时社会所认可的女性特质，她不具备一个女性应该具备的女性气质：外表美丽明媚，性格温柔婉约。初次与阿周那见面的齐德拉身着男装，佩戴弓箭，活脱脱一个少年模样，完全不具备一个同龄少女应有的曼妙身姿，因此阿周那才会在"嘴角飘忽着一丝好奇的微笑"。爱情的力量促使齐德拉要改变自己的身份，做回一个"真正的女性"。于是，回到王宫后，她愤而折断所有的弓箭，脱下戎装，开始讨厌自己磨出老茧的结实双臂，唾弃自己学到的诸般武艺和勇猛力量。齐德拉还开始穿戴起了女性的服饰——多彩靓丽的纱丽，佩戴上了女性特有的种种配饰——手镯和脚镯。在外表上，齐德拉具备了社会上对女性约定俗成的形象要求。然而这并不是随意的服饰转变，这里的服装和首饰俨然成为一种身份区别的符号：只有男性才可以身着戎装、佩戴弓箭；只有女性才可以身着纱丽、佩戴首饰。值得注意的是，在印度社会当中，女性佩戴脚镯，不单单是因为它们美丽，脚镯在女性行动的时候发出的清脆声响成为一种预警，防止女性对丈夫不忠，实为一种监视工具。齐德拉在容貌上祈求春神赐予自己美貌，在服饰上也摇身一变，让自己外形上充满女性气质，更重要的是，为了赢得阿周那的感情，齐德拉在内心也不得不认可了女性的身份和地位：

她羡慕那些依赖他人、目不识丁、腰肢如青藤般苗条、羞怯温存的普通女子，因为她们具备社会所认可的女性力量。从社会分工的角度来说，齐德拉也认为，女人既然身为女人，就只能是大地的艳丽，只能是柔光，只能是情爱——只能耍甜蜜的花招，面露千种妩媚万般柔情，时刻匍匐在地，搂住男人的脚，嫣笑，哭泣；日日以男人为中心，服侍照料——这样，她的一生才是成功的。她的功业，她的英武，她的学识，有什么用？[①]至此，经过种种内心疑惑与情感挣扎，齐德拉是从外到内成为一个"全新"的齐德拉，这个"全新"的齐德拉已经完全顺从于社会的期待视野和传统规约，成为阿周那心目中的爱人，成为所谓的"真正的女性"。

蜕变后的自我意识。变身后的齐德拉如愿以偿地与阿周那生活在一起，日日享受着爱情的甜蜜。然而一年的时间之内，他们的相处也并不是和风细雨、岁月静好。齐德拉的内心几乎时刻处于激烈的矛盾之中，一方面她十分渴望阿周那的爱情，非常珍惜与阿周那在一起的短暂时光；然而另一方面，愧疚与自责疯狂地折磨着她，使得齐德拉内心不得安宁。她的自责来源于自己的欺骗，因为在内心深处，齐德拉还是无法摆脱先前的自我认知，潜意识当中，她依旧认为自己是女扮男装的公主，即使容貌改变，衣着女性化，并且说服自己变成柔美的女子，但是对自己变身后的认可并非如此容易。

[①] 泰戈尔.齐德拉.载泰戈尔精品集·戏剧卷，白开元译，安徽文艺出版社，2017，第 30 页。

圆满主义者：泰戈尔

所以这时的齐德拉又分裂成两个截然不同的形象，内心深处被"阿周那的爱人"与"曼尼普尔的公主"两个形象撕扯着。纠结与痛苦的原因也是因为齐德拉暂时还没有完全认清爱情的本质，还没有彻底明白何为真正的女性。于是在阿周那面前，齐德拉努力趋近爱人心中渴望的柔美形象；而在爱神与春神面前，齐德拉又成为"疯女人"，深深地厌恶虚假的自己，强烈地责备羞耻的欺骗。在这样的情况下，齐德拉与阿周那看似美妙的爱情之下其实时时面临坠入"万丈深渊"的险情，他们的爱情是虚幻的游戏，不具备坚实的根基。而阿周那对这种无所事事的生活渐渐显露的疏离之感也是齐德拉更加痛苦的深层原因。在一年期限的最后一晚，齐德拉本可以选择悄然离去，也可以选择祈求阿周那原谅自己，但是她没有这样做。即使明白恢复原貌的她很可能失去爱人，她还是选择勇敢地做回自己，哪怕阿周那永远离自己而去。更重要的是，齐德拉最终明白了什么是真正的爱情，什么是真正的自我。她的爱情观和婚姻观也得到了蜕变：作为女性，我是齐德拉，不是女神，不是庸俗的女人，不是让人顶在头上膜拜的女人，也不是遭到鄙视被人豢养的女人。[①]作为爱人和妻子，不是只会甜蜜花招的"恋人"，而是能够同甘共苦的"战友"。正如她对阿周那所说的：在艰险的道路上，你如让我站在你身旁，为你分忧解愁；艰苦事业中，你如同意我成为你的左膀右臂，

---

① 泰戈尔.齐德拉.载泰戈尔精品集·戏剧卷，白开元译，安徽文艺出版社，2017，第 38 页。

与你同甘共苦；你将看到一个真实的我。

妇女观、爱情观与婚姻观

妇女观。其实通过以上的分析，如果我们将齐德拉从史诗背景中抽离出来，这个人物形象会具有更广泛、更抽象的意义，即妇女要走出家庭，参与社会事务，拥有独立生活的能力。齐德拉之所以能够在最后幡然醒悟，决心做回自己，一方面是因为她意识到爱情的根基是双方坦诚相待；但是另一方面也因为齐德拉在阿周那想象原来的公主齐德拉的过程中，意识到自己生命的意义不仅仅是依托在爱情之上。爱情是生命的一部分，但不是全部；爱情是建立在自我价值实现的基础上，而不是自我价值实现的途径。而齐德拉最初实现自我价值的重要一部分就是运用自己的武艺和智慧保家卫国。这样的齐德拉，是百姓心中的慈父慈母，受到了人民的爱戴；这样的齐德拉，在后来也是大英雄阿周那爱慕的对象，受到了爱人的尊重。如此可以看出，正是这样一位独立的齐德拉才是赢得他人尊重、爱慕的对象。并且这样的齐德拉不仅仅是只会服侍丈夫的家庭妇女，她的价值在社会中起到了巨大作用。

这不禁让人联想到弗吉尼亚·伍尔夫所写的《一间自己的房间》中女性独立的条件，也会让人想到鲁迅所说的"娜拉走后会怎样"的情景。齐德拉拥有自己的事业，能够使自己独立，这是成为一个人的真正基础。泰戈尔在谈到妇女问题时，有一句话与齐德拉的形象颇有一致性："……她们不仅要除去脸上的面罩，而且还要撕去她们心中的面罩，这种面罩使她们被隔绝在大部分世界之外。她们出生的这个世界，今天正在从各方面全部清楚地展现在她们的面前。现在她们不再扮演迷信工厂制造出来的玩偶了。她们自然养育生命的智慧，不仅仅为家里人，也要用于保卫全人类了。"[1]走出家庭，进入社会，妇女只有独立自主，才会发现更多实现自我价值的渠道。

爱情观与婚姻观。通过以上分析，可以发现齐德拉与阿周那的相处过程折射出的爱情观与婚姻观对当代的男女爱情以及婚姻也有一定的借鉴意义：爱情的基础是真实，是坦诚相待。短暂的美貌或许能给对方短暂的愉悦，但虚假之爱终究不能持久。只有忠贞，只有为民造福的共同理想，能使夫妻终生相守、白头偕老。[2]

然而只有齐德拉一个人的努力与转变是远远不够的，阿周那对爱情的认知也有一个类似的转变过程。阿周那最初也无法跳出对于女性形象认知的窠臼，认为女性就是应该具有"女性气质"，柔情蜜意，不要走出家庭。也正是因为这样，齐德拉才会按照社会刻板的印象对自己重新加以改造。但是空无的甜美只可能是短暂的，无所事事的生活不能带来真正的精神满足。在听人说到齐德拉是当地的保护者时，阿周那就已经开始思考自己到底爱慕何种女性了。剧终时，齐德拉选择展现真正的自我形象，阿周那并没有厌恶与离开，

① 泰戈尔.妇女.载泰戈尔作品全集，刘运智译，董有忱校，人民出版社，2015，第 864 页。
② 泰戈尔.泰戈尔精品集·戏剧卷.白开元.安徽文艺出版社，2017，第 12 页。

而是满足地感慨自己无比荣幸，这也说明了在齐德拉蜕变的同时，阿周那的情感与思想也同样得到了升华。

丰富多彩的修辞手法

诗剧《齐德拉》创作于孟历 1298 年帕德拉月 28 日，最初泰戈尔用母语孟加拉文写就，在遣词造句上，泰戈尔有意模仿大史诗中的风格和手法，尤其是其中的多首诗歌，更是匠心独运。1913 年，泰戈尔亲自将孟加拉文版的《齐德拉》翻译为英文，定名为 *Chitra*。但是在英文版中，原文内容被大幅度删减，"许多歌曲未译，翻译的几首歌词也成了散文，形式和内容与原作大相径庭，甚至已经看不出原貌"。[①]更重要的是，大量的诗意表达被删除，使得英文版与孟加拉文版相比，只是骨架尚存但血肉不在。在孟加拉文版本中，泰戈尔运用多种修辞手法，使得诗剧充满委婉含蓄的诗意，可读性很强。

隐喻。隐喻在诗剧中经常使用。比如在第六场中，阿周那向齐德拉回忆自己当初和另外四个兄弟一起去森林中打猎的情景。此时阿周那兴致很高，他们兄弟一起捕获了一只异常美丽的金鹿，并且对齐德拉说自己非常想再去打猎。但是齐德拉听闻后却若有所思，告诫阿周那赶快结束已经开始的狩猎。她反问阿周那："你难道认定那只诱惑

---

① 泰戈尔.泰戈尔精品集·戏剧卷.白开元.安徽文艺出版社，2017，第 14 页。

的金鹿很乐意让你捕获？"①这里的"金鹿"明显是一个符号，诗剧当中多处将不同状态下的齐德拉比作"母鹿""疯鹿"等，因而这里应该是齐德拉自比为金鹿，让阿周那赶紧停止这场虚无的狩猎。因为"这是一只野鹿，不会束手就擒。无人知道它何时会梦幻似的飞驰而去。它可以参与片时的嬉戏，但不会戴永久的枷锁……主啊，下雨的今天，你我之间也在做类似的游戏"。②末尾的"游戏"一词更进一步点明齐德拉以金鹿自比的心态，同时也将阿周那比作狩猎金鹿的猎人，而且将他们之间的感情的发生比作狩猎一般的游戏。

双关。本体的本质由喻体的性质、功能和名称体现，叫做双关。这个定义也适用于隐喻。但隐喻要求同时描写喻体和本体。③也就是说，只要描写喻体，即可同时表现本体。④

《齐德拉》中双关的使用也比较普遍，并且常常和隐喻相互结合，使得文本含义更为隐晦，同时也加强了文本的可读性。比如第六场开始时阿周那的独白。

（森林，阿周那）

阿周那：早晨醒来，我仿佛获得了梦中的

无价之宝。可这人世间没有安放

---

① 泰戈尔.齐德拉.载泰戈尔精品集·戏剧卷，白开元，安徽文艺出版社，2017，第25页。
② 泰戈尔.齐德拉.载泰戈尔精品集·戏剧卷，白开元，安徽文艺出版社，2017，第25-26页。
③ 黄宝生.梵语诗学论著汇编（上），昆仑出版社，2008，第129页。
④ 黄宝生.印度古典诗学，北京大学出版社，1999，第260页。

这珍宝的地方，没有可镶嵌它的

王冠，也没有能串联它的绸带，

然而我并非随手扔弃它的糊涂虫。

所以，我这个刹帝利的双臂日夜

闲待着，无事可做。

根据剧本上下文以及上文的论述，齐德拉没有满足阿周那要将她带回家的愿望。而第五场比较简短，是齐德拉与爱神、春神的少量对话，场景与阿周那的独白没有直接衔接。所以可以将阿周那的独白与第四场的末尾相互连接起来阅读，即这段独白是与第四场二人就寝相连，阿周那在齐德拉的倾诉之后的独白。如此，这里的双关用法就比较容易理解，阿周那其实是将齐德拉比作梦中的无价之宝，但是齐德拉不愿与他一起回去，并且对于阿周那来说，齐德拉始终是谜一样的存在，不知道她的身份到底是什么。因此才会担心没有安放这"珍宝"的地方。而这"珍宝"又是梦中所获，仿佛不可触及，是虚幻的，这也在暗示齐德拉与阿周那目前的情感实质：这种欢乐的时光不过是须臾之间的存在，不可能是真实而长久的。

明喻。明喻是有喻词的比喻，在诗剧《齐德拉》中使用非常广泛。明喻的使用能够使本体更加形象可感，为读者提供了想象的空间。这里仅列举一些：

①（湖面上荡漾的水波，）好像亿万条喷火的蛇。

②这位英雄心中澎湃的激情像

喷溅发颤的饥渴的火花的祭火。

③虚假的羞赧拘谨，

像解开的衣裙落到脚边。

④我沿着清晨飘落素馨花、

杂草丛生的林径，朝远处跑去，

像一只害怕自己影子的母鹿。

⑤我这长久赋闲的生命，

像冬眠多日后苏醒的蛇，活跃起来了。

目前的中文译本从译介语言上来说有三种：第一种是以孟加拉文原著为底本，翻译为中文，主要有两个版本，白开元译本以及王海曼翻译、石景武校对的译本。白开元译本收录在《泰戈尔精品集·戏剧卷》2017 年版中。王海曼译本定名为《花钏女》，收录在《泰戈尔作品全集·第 2 卷（上）》2015 年版中。第二种是以泰戈尔自译英文本为底本，翻译为中文。这一种译本也是很长时间以来我国接触该剧本的主要渠道，译本数量众多，译文风格多样。但要注意的是，这一底本与孟加拉文底本相差很大。在英文本中，原文内容被大幅度删减，主要有以下几个中文版本：瞿世英译《齐德拉》，上海商务印书馆 1923 年版；吴致觉译《谦屈拉》，上海商务印书馆 1923 年版；王树屏译《萋恰》，重庆国家编译社 1944 年版；以及冰心译《齐德拉》，人民文学出版社 1961 年版。第三种中文译本是从印地语转译，译者为倪培耕，收录在河北教育出版社《泰戈尔全集·戏剧卷》2006 年版中。

《国王》：为什么"我们都是国王"？^①

　　泰戈尔在 1910 年发表的剧本《国王》不仅语言优美，情节生动，戏剧冲突充分，其中也蕴含了作家的哲学和政治思考。而歌曲作为泰戈尔戏剧中的重要组成部分，也在其中发挥了重要作用。这些歌曲不仅增加了戏剧在普通民众中的接受度和喜爱度，也让戏剧主题更加通俗易懂、更容易传达给观众。作者想表达的思想成为朗朗上口、人人传唱的歌曲，也是泰戈尔戏剧作品的成功之处。

　　《国王》，也曾被译为《暗室之王》，是一部 20 场次的戏剧。剧本的大致内容是：王后只能在暗室中与国王相会，从没见过国王的真面目。一天，她忍不住提出一睹国王真实面容的要求，国王答应在节日的公共场合现身，但是要王后自己判断哪个是他。节日那天，相貌英俊的假国王出现在众人面前。王后被假国王的外貌迷惑，认为他就是真国王，让宫女献上祭拜春神的花环以表爱意。晚上，假国王和来访的另一位国王在王宫纵火，妄图劫持王后以要挟其父王，真国王解救了王后。然而，真国王皮肤黝黑、相貌丑陋，王后见到这样容貌的国王，不愿意接受他，返回了娘家。回到娘家后，她父王惩罚了她，让她干宫女的活。一些国王听说王后回到娘家，纷纷上门求亲，众国王迫使王后的父亲同意比武招亲。王后向假国

---

① 本文由杨伟明撰写。

王求救，遭到拒绝。王后无法忍受被迫比武选婿的侮辱，决定在招亲大典上自杀。这时，真国王带兵前来，再一次解救了王后。王后再次回到暗室，向真国王承认自己的错误，说自己不配得到真国王的爱。真国王再次询问王后，能否忍受自己的相貌。王后说，真国王虽然并不英俊，但他人无可比拟。真国王和王后走出暗室，在光亮下生活。

《国王》是一部象征剧，其中展示了泰戈尔对于"梵"和"我"的思考。"《奥义书》的核心思想'梵我一如'成为泰戈尔认识人与宇宙关系的根本指导思想。"泰戈尔认为，宇宙存在一个"至高真理"或者说"永恒的人"，并且每个人的心中都能感知到这种最高真理，每个人的心中都有这种最高真理的"映射"。一开始不愿展示自己真实面目的国王就代表着"梵""无限"或者"至高真理"，而王后代表着人、"有限"或者"小我"，两人之间的感情经历，象征着人类对"梵"或者"至高真理"的追求过程。

这部 20 场的戏剧中有长短共 28 首歌。这些歌曲也是该剧本中连接剧情、阐述作者哲学和政治思考的重要载体。第二场，老爷爷和众人的对话中所唱的《我们都是国王》是一首脍炙人口的歌曲：

আমরা সবাই রাজা আমাদের এই রাজার রাজত্বে,

নইলে মোদের রাজার সনে মিলব কী স্বত্বে। --

আমরা সবাই রাজা ।

আমরা যা খুশি তাই করি,

তবু তাঁর খুশিতেই চরি,

আমরা নই বাঁধা নই দাসের রাজার ত্রাসের দাসত্বে,

নইলে মোদের রাজার সনে মিলব কী স্বত্বে --

আমরা সবাই রাজা।

রাজা সবারে দেন মান,

সে মান আপনি ফিরে পান,

মোদের খাটো করে রাখে নি কেউ কোনো অসত্যে,

নইলে মোদের রাজার সনে মিলব কী স্বত্বে। --

আমরা সবাই রাজা।

আমরা চলব আপন মতে,

শেষে মিলব তারি পথে।

মোরা মরব না কেউ বিফলতার বিষম আবর্তে

নইলে মোদের রাজার সনে মিলব কী স্বত্বে। --

আমরা সবাই রাজা।

在这个国王的统治下我们都是国王，

否则我们怎么有权和我们的国王一样？

我们都是国王。

我们愿做什么就做什么，

但是仍在他的意愿下生活。

我们不是被束缚在国王的恐吓之下。

圆满主义者：泰戈尔

否则我们怎么有权和我们的国王一样？

我们都是国王。

国王尊重所有人，

所有人也都敬爱国王。

没有人用谎言诋毁我们，

不然我们怎么有权和我们的国王一样？

我们都是国王。

我们按自己的意愿行事，

但最终都走在国王制定的道路上。

我们谁都不会陷入失败的巨大漩涡。

否则我们怎么有权和我们的国王一样？

我们都是国王。

　　这首歌乍一听内容有些互相矛盾，既然有"国王的统治"，为什么"我们都是国王"？ শিলা 是一个关键词，这个词有见面、相聚、会合、意见相同、匹配等含义。国王是统治者，然而在他的统治之下，我们都成为国王，否则我们就不能和我们的国王见面，不能和他相匹配、相合。这其中又交织着一种平等和民主的意识。अধিকার 这个词的意思是权利。"权利"这个词的使用在这里也有点主权的味道。在这里"权利"似乎也是个"条件"。而且正因为"我们都是国王"，所以我们"有权和我们的国王一样"。

　　这个国王在无形中统治着我们，支配着我们，但是在他统治下，我们成为这个国家的主人。我们有自己的意志和自由，想做什么就做什么，但是"仍在他的意愿下生活"。"他的意愿"是什么呢？为什么我们的意愿和他的意愿是相合的呢？因为我们的自由与国王的规则是不矛盾的，我们在遵循这个规则的基础上，就能享有充分的自由。而这份遵循的意愿并不是由于他的"恐吓"，也不因为我们是被束缚的奴隶，而是出于我们自己的意愿，或者说对"最高真理"的"觉悟"。

"国王尊重所有人"，因此国王也得到所有人的爱戴，这份尊重和爱戴是相互的，而不是建立在"谎言"欺骗的基础上。খাটো করা，খাটো 是使缩短、减少、降低，这里是贬低的意思。这份关系的基础是平等，是互相尊重。国王不会因为人的渺小而贬低人，"至高真理"蕴藏在每个人的心中，每个人都能成为国王。人也不应当因为自己是渺小的就自感卑微，因为"至高真理"不会欺骗和诋毁，国王让每个人认识到，人的真理才是最高真理，因为"至高真理"就蕴藏在每个人的心中。

我们虽然"按自己的意愿行事"，但最终仍然会回到"国王制定的道路上"，回到"梵"或"至高真理"的道路上，就"不会陷入失败的巨大漩涡"。因为"至高真理"指导我们的行事，按照这个规律去做，就不会面临失败的危险。

这其中又体现出泰戈尔思想与巴乌尔思想相合的部分，即以人为本的思想。因为"至高真理""至高无上的人"是寓于普通人的心中的。人可以通过"爱"和无私的活动去发现"永恒"和"真理"，并感受到与真理结合的"乐"。

《国王》戏剧里也有巴乌尔角色的出现。巴乌尔的思想也完美地在这个剧本中得到展现。在第二场里，巴乌尔唱了一首歌：

> 我心中的人就在我的心田，
>
> 于是我到处都能看得见。
>
> 他在我眼睛的目光里，因此不曾逝去，
>
> 啊，所以不管我往哪里看，
>
> 我都能看见他的。
>
> 为了聆听他亲口讲话，我曾到处寻找，
>
> 可没有听到，没有听到他的话语。
>
> 今天回到自己的国度再次聆听，
>
> 他的话原来就在他自己的歌声里。
>
> 你们是何人，挨家挨户将他寻觅，
>
> 穿着穷人的破衣，
>
> 你们找不到啊，寻觅不到他的。
>
> 你们来呀，好好看呀，
>
> 他就在我的心中——
>
> 就在我的眼睛里。

巴乌尔是孟加拉地区的一个宗教派别，也是当地的一种民歌形式。巴乌尔认为人体是宇宙的缩微体，是至高真理的所在，也是获得自由和战胜死亡的唯一工具。如同这首歌中唱的"我心中的人就在我的心田"，"心中的人"即存在于人的内心的至高真理。而他从"不曾逝去"，"到处都能看得见"，"在我的眼睛里"。

如果人们渴望获得知识和对最高真理的体验，就必须把注意力放在自己的内心。为了寻找至高真理，人们会跋山涉水到处寻找，但"他的话原来就在他自己的歌声里"，"他就在我的心中"，"就在我的眼睛里"。巴乌尔相信真理首先不依附于外界，不在那些书本和经书中，也不是通过掌握知识和推理找到的，而是通过探寻蕴含在人内心深处的爱的力量找到的。

巴乌尔的音乐总是把人放在非常重要的位置，他们信仰中的一个重要方面是对人类自身的爱，这种爱不分阶层和信仰，没有宗教、肤色和习俗的区别。他们寻找"内心的人"，也就是他们相信存在于人内心的神性。巴乌尔认为，如果一个人能感受到人内心的真理，那么他也能感受到宇宙的真理。他们在自己的歌中表达了一种普遍的兄弟之爱，并认为人类当中所有的等级、歧视、仇恨和恶意都是毫无意义和可笑的。

第八场里，当国王从大火中解救了王后之后，王后看到国王的丑陋面目后，不愿意接受他。这时国王有一首歌：

> 我不会用相貌让你着迷，
>
> 我要用爱情让你着迷。
>
> 我不会用双手打开大门，
>
> 我要用歌声打开大门。
>
> 我不会将首饰挂满你的全身，

也不会用鲜花编成的花串装饰你，

我要在你的脖颈间

戴上温情的花环。

谁也不会知道何种暴风雨

在我心里舞起欢快的波澜。

我要像月亮以看不到的引力

让汹涌的大潮波浪滔天。

　　歌中，国王，也就是"至高真理"的象征表示，我不会用"相貌"迷惑你，而是要用"爱"让你着迷；同样，打开人内心"大门"的，也不是靠力量，而是靠歌声。用"爱"制作的花环，比珠宝首饰还贵重。就像月亮引力，虽然看不到那份力量，但是却能造成潮起潮落。巴乌尔认为诗、音乐、歌曲和舞蹈都是他们探寻人和神的关系的基本途径，而通过精神修行才能达到对自身的认识。他们相信至高真理是通过探寻蕴含在人内心深处的爱的力量找到的，真爱是与任何形式的强制约束无关的，爱才是真正的超级力量。

　　人探寻"至高真理"的过程，就是在有限中证悟无限的过程。真理也许不是那么容易被人接受的，甚至是丑陋的、骇人的，但真理不会欺骗人，"让人陷入失败的漩涡"。而那些还未找到真理的人，如同王后一样，会被虚假和欺骗蒙蔽双眼。人要经历痛苦磨难，才能最终证悟真理。在第十四场，王后苏德尔绍娜在招亲大典上准备自尽时唱了一首歌：

就让这黑暗沉浸在你那无底的黑暗之中，

啊，我那黑暗之主！

来吧，请降临到深沉浓密的生命边缘，

降临到我的心中。

就让身心融为一体，让它们一起迷失，

啊，我那黑暗之主！

让我的欲望、我的扭曲、我心中所想

统统匍匐在你脚下！

我受心中邪念的驱使而遭到放逐，

啊，我那黑暗之主。

把我与你捆绑在一起，我心甘情愿

做你的囚徒。

我亲爱的人，我的吉祥，我的至高无上，

啊，我的黑暗之主。

一切都将达到圆满的顶点，

啊，就让我死去吧。

  剧中王后象征着"我"和"有限"，人的个体是充满了欲望和执念的，如剧中王后对国王容貌的要求，被美丽外表迷惑，有限的个体很容易迷失在欲望和世界的表象里，无法接受真理的真正面目，甚至背离和抛弃真理，使自己陷入困境。这也象征着"我"和"有限"很容易成为表象的奴仆，陷入被欺骗的束缚中。而从这种束缚中挣扎和解脱出来，必然也面临着艰苦的磨难。将欲望和扭曲抛下，驱逐了内心的邪念之后，人才甘心与"至高真理"成为一体，心甘情愿匍匐在它的脚下。这时，那至高无上才显露出自己的真面目，"有限"得以与"无限"结合，梵我合一，达到圆满。如同巴乌尔思想中认为，人必须放下一切世俗的渴望和执着的时候，才能得到真正的自由。巴乌尔修行的目的就是战胜世俗的需要而达到真正的解脱。

《国王》剧本不仅有很强的戏剧性，大量象征手法的应用也增加了剧本的深度。其中歌曲的运用也增加了剧本的可读性和韵律感。细读其中的歌曲，不仅能感受到诗人的创作才华，也能体会到他所进行的哲学思考。

《沉船》：永恒的人性灯塔①

　　《沉船》是泰戈尔长篇小说的代表作之一。小说创作于1902年，并于1903年在《孟加拉之镜》连载发表。泰戈尔在《沉船》中运用其清新隽永的笔触和独特巧妙的构思，为读者娓娓讲述了一个跌宕起伏、动人心弦的故事。《沉船》的故事虽然发生在印度，其构建的充满人性光辉的乌托邦却成功打动了世界读者的心，并成为万千读者行驶在浩瀚的人生之海时永恒的人性灯塔。

　　印度教知识青年罗梅西在加尔各答求学时，常到同窗好友约肯德罗家中做客。约肯德罗的父亲是梵社成员。他的妹妹海蒙莉妮温婉美丽，知性优雅。在交往中，罗梅西与海蒙莉妮坠入爱河。但二人的爱情遭到了罗梅西父亲的反对。罗梅西的父亲是一个传统的印度教徒，他无法接受自己的儿子娶一个梵社成员的女儿。在父亲的催促与反对中，罗梅西只能无奈地返回家乡与从未谋面的萨希娜完婚。

　　因为心情苦闷，婚礼上，罗梅西无心看新娘一眼。造化弄人，在返回的途中，行船遭遇了暴风雨沉入水中。罗梅西的亲属尽皆遇难。风暴后的清晨，罗梅西在河滩边醒来，发现了另一艘送亲船上的新娘卡姆娜。罗梅西与卡姆娜都将对方错认。二人一起回到家，罗梅西忙着料理父亲的后事，善良的卡姆娜则认真照顾起"丈夫"。

---

① 本文由叶倩源撰写。

就在二人的感情渐渐增加时，罗梅西意外发现身边的女子并不是自己的妻子萨希娜。明白真相的罗梅西生怕卡姆娜无法立身，于是决定独自一人承受一切。

为了保护卡姆娜，也为了避免二人世界，罗梅西将卡姆娜带回加尔各答，并送她进入一所女子学校。暂时解脱的罗梅西与旧日的恋人海蒙莉妮再度重逢。二人不愿分离，订下了婚约。可就在婚礼前两天，罗梅西收到学校校长寄来的信，要求罗梅西把卡姆娜接回家。无奈之中，罗梅西请求将婚期推迟一周，且没有给出任何解释便离开了。海蒙莉妮的哥哥约肯德罗气冲冲地找到罗梅西家中，却发现了卡姆娜的存在。面对依然不肯解释的罗梅西，约肯德罗替妹妹解除婚约，愤恨离去。

伤心绝望的罗梅西带着卡姆娜离开了加尔各答，并决定了结完所有的事情后，坦然接受卡姆娜成为自己的妻子。他想写信将发生的一切告诉海蒙莉妮，但此时的海蒙莉妮去了西部旅行散心，信件的内容却被卡姆娜看到了。知道真相的卡姆娜羞愧不已，不辞而别，决心去寻找自己真正的丈夫诺利那格。旅行中的海蒙莉妮意外邂逅了诺利那格，两人渐渐走入对方的心灵，定下婚约。罗梅西误以为卡姆娜投河自尽，鼓起勇气想当面把一切告诉海蒙莉妮，却得知海蒙莉妮与诺利那格订婚的消息。另一边，卡姆娜来到诺利那格家做女佣。最终，在众人的鼓励下卡姆娜鼓起勇气与丈夫诺利那格相认。小说的结尾虽然没有对罗梅西和海蒙莉妮做出交代，但依然能推测出两人幸福的重逢。

《沉船》虽然是一部长篇小说，但泰戈尔毫不吝啬地用诗人的语言向读者呈现了整个故事。行文中，大量细腻、生动、优美、饱含诗意的语言无疑提升了读者的阅读体验。例如，"如同璀璨的群星各行其道，被装备的天文台却缄默无语……"（《沉船》，第八章）"在这枯燥乏味、缺乏美感的现代都市里，爱的魔法无法被阻挡。"（《沉船》，第九章）。泰戈尔诗化的语言如同小说中所讴歌的人性之美一样，纯净、清新、沁人心脾。

　　作为一部小说，《沉船》的成功在于作者新颖大胆的故事构思。小说分为六十二个章节，没有激烈的人物冲突与场景描写，仅仅以罗梅西和卡姆娜为主线将整个故事串联起来。作者构思的巧妙之处在于，以沉船为核心事件，塑造了罗梅西、卡姆娜、海蒙莉妮和诺利那格四位主人公的形象，并通过与核心事件的关联使四人的命运交织在了一起。每当故事情节趋于结束时，主人公身上的人性之美就会被唤起，不完美的性格会被战胜，以此推动整个故事情节继续向前发展。这种巧妙的构思让读者于贴近生活的普通场景中就体会到了跌宕起伏，如同行驶在河道中的船，没有大海上狂风骤雨的刺激，却有"山重水复疑无路，柳暗花明又一村"的期待。

　　《沉船》成功地塑造了一系列性格鲜明的人物形象：优柔寡断但又善良、痴情的罗梅西，真实质朴、勇敢善良的卡姆娜，温婉贤淑、坚定执着的海蒙莉妮，善解人意、忠于真爱的诺利那格，等等。小说中对于人物形象的塑造不仅仅来源于故事情节，还得益于大量对于人物心理活动的生动刻画。例如，"待在娜宾卡里家，卡姆娜如同浅水中的鱼儿，胸中憋闷，只有逃离这房子，才能自由地呼吸。然而，离开这儿，到哪儿栖身呢？那天夜里她已领教了外面黑暗世界的恐怖，如今她再也没有勇气盲目闯进那令人惊恐万状的险境中去了。"（《沉船》，第五十二章）。泰戈尔在进行人物心理刻画时，尤其擅长利用比喻，使读者切身体会到人物内心的感受，从而产生一种情感上的共鸣。这也是小说中的人物形象之所以深入人心的重要原因之一。

泰戈尔在创作中擅长将环境描写与人物思想情感、心理活动融合在一起，达到情景交融的效果。在小说《沉船》中，大量诗意的环境描写恰如其分地表达了人物的内心活动，同时烘托了氛围。例如，"雨季渐深。她是给予树木的特殊恩典，但却未给城市带来欢愉。城里的房屋、窗户和楼顶紧闭。街上的行人撑着伞，电车拉上了窗帘，极力阻挡着雨水，道路变得泥泞。河流、山脉、森林和原野热烈地欢呼他们的挚友雨水。在这雨季的庆典中，在斯拉万月里，天地和谐交融，没有冲突。"（《沉船》，第九章）。小说为读者构建了一个万物和谐的理想世界，这也是泰戈尔思想中一直追寻的：灵魂与肉体的和谐、精神与物质的和谐、人与自然的和谐。和谐意味着不被割裂，作为人生存的一部分，自然的存在是时时刻刻的，它不仅仅为了实现文学表达的功能，更是写入泰戈尔生命中的信仰。

《沉船》写于印度第一次民族解放运动前夕，印度民族资产阶级文化不断推陈出新。这种求新求变的思想在《沉船》中亦有体现：对于海蒙莉妮新女性形象的宣扬；鼓励像卡姆娜一样的传统女性勇敢打破世俗的枷锁；对于包办婚姻的痛斥；等等。但其之所以获得如此巨大的成功，更重要的原因是蕴藏在故事之中"不变"的东方哲学思想，即人类高尚的道德。故事中主人公跌宕起伏的命运只是万事万物发展的缩影，最终引领我们走出荆棘、走向光明的始终是人性的美好。

《被毁之巢》：传统女性观念与女性想象①

《被毁之巢》讲述了一个孟加拉中产阶级家庭中，女主人在与丈夫的隔阂中陷入与小叔子的恋情并最终导致家庭破碎的故事。在印度，这部小说被看作泰戈尔的重要作品之一，甚至被著名导演萨蒂亚吉特·罗伊（Satyajit Roy）翻拍成享誉国际的电影《孤独的妻子（Charulata）》。

在这部小说中，泰戈尔试图寻找印度女性成长的动力，他认为教育是最直接作用于女性个人素质培养的基础性条件。南亚广泛流行的童婚制度是教育制度的最大阻碍。19世纪时，少有女性到了10—11岁还没有结婚。社会普遍认为女性受教育是一件不必要、危险且异端的事情。早婚制度和根深蒂固的性别观念导致南亚女性的受教育情况呈现出悲观的局面。为了扭转这一局面，泰戈尔通过小说中女性的天赋、智慧和求知欲给出了肯定的答案。

泰戈尔在《被毁之巢》中用"慢慢地步入了青春年华"的"年少的妻子"来形容女主人公佳鲁，可见这部小说中描述的婚姻也遵循了童婚的传统。或许是为了弥补佳鲁作为童婚受害者的事实伤害，作者满怀温情地把佳鲁的丈夫设计成善解人意的形象：他不仅能够为佳鲁提供充足的物质基础，使佳鲁免受繁重的家务之苦，还从精

---

① 本文由贾伊宁撰写。

神上支持并尊重佳鲁的爱好，敦促寄居的表弟奥莫尔作为佳鲁的家庭教师，[①]为她提供文学上的指导。在家中，佳鲁的丈夫为她打造了一个私塾。在孟加拉，地主家庭的媳妇、女儿确实有在家庭中接受教育的习俗，这对于印度教家庭和穆斯林家庭而言都是如此。女孩儿们的家庭教师大多是有声望的学者，教授梵文、孟加拉文或英文。[②]相对于传统的私塾教学，泰戈尔在《被毁之巢》中为佳鲁定制的私塾有着明显的私人定制的特殊性。

作者塑造的佳鲁这一女性形象就是相当理想化的。她在接受奥莫尔指导教学之前就已经具备了基本的文学素养，与普通的孟加拉女性相比，她理所当然地富有文学的兴趣和天赋。在同龄的嫂子蒙达大字不识只会洗衣做饭的时候，佳鲁已经能与大学里的文学青年一起畅谈文坛气候。小说中说道："佳鲁对读书学习有一种天然的偏爱。"加之佳鲁嫁入了富足的家庭，充分的时间和精力可以让她的"天然的偏爱"有充分发挥的空间，这何尝又不是作者对他的女主人公天然的偏爱？承担教学任务的表弟奥莫尔也不同于一般的家庭教师。佳鲁的丈夫普波迪期望他指导佳鲁的并不是识文断字的基础教学，而是作为一种文学引路人的角色，对佳鲁的阅读范围和学习方法进行引领。而普波迪显然低估了自己妻子的知识水平。在佳鲁和奥莫尔实际的互动当中，二人发展出亦师亦友的关系。奥莫尔

---

① 泰戈尔.泰戈尔作品全集.董友忱主编，董友忱等译.人民出版社，2015，第11卷上，第506页。
② Ray, Bharati (Ed.).'Women of India: colonial and post-colonial periods'.2005.184.

不是单方面地向佳鲁输出知识，而是与佳鲁相互探讨和促进，两人志趣相投，佳鲁在奥莫尔的激发下走上了最适合她的文学创作道路。

佳鲁的文学素养和思想水平都存在与当时社会接轨的可能性，再加上她的身边还有文学青年奥莫尔和政治家普波迪作为她的引路人，她也在被动的情况下踏出了走向社会的第一步。而当佳鲁已经具备了相当的素质，她又能否在社会历史的宏大叙事中应用自己不逊于男性的才能呢？此时私塾教育的局限性又暴露出来。私塾教育并非为社会建设培养女性人才。从小说文本中看，并不是丈夫和社会道德将佳鲁圈禁在家中，而是佳鲁本身对进入社会语境持一种拒斥态度。当奥莫尔将他在佳鲁鼓励下创作的文学作品投稿到杂志并收获好评时，佳鲁认为奥莫尔暴露了只属于他们二人的秘密，因而感到非常伤心；当奥莫尔将佳鲁的作品投稿刊登时，佳鲁只感受到背叛和愤怒，并未考虑展示写作者的思想精华会对读者或社会产生怎样的影响。正如《印度女性——殖民和后殖民阶段》一书中阐释的，女性的职责是照顾家庭，她应当通过贞洁和价值而把自己贡献给丈夫和家庭。[①]在南亚，女性可能有机会通过去私塾或学校的方式接受基础教育，但这种教育的出发点是为了让女性能够更好地与丈夫沟通和更高质量地抚育孩子："受教育的好妈妈能抚养出受教育的好儿子。"[②]"只关心自己利益的男性，他们改进女性地位仅仅是为了

---

① Ray, Bharati (Ed.). 'Women of India: colonial and post-colonial periods'. 2005. 184.
② Ray, Bharati (Ed.). 'Women of India: colonial and post-colonial periods'. 2005. 189.

扩大自身的利益，而无其他任何原因。"[1]佳鲁为了个人爱好而在家中接受"私塾"形式的教育，虽然一定程度上超越了社会对于女性职责的刻板规划，但这种形式的教育从根本上就不鼓励女性走出家庭。在和平年代，私塾教育不是为了让女性在社会建设中发挥作用；在民族问题日益尖锐的殖民年代，这种教育同样也很难成为女性进入民族语境的通道。尽管泰戈尔将佳鲁塑造成了女性知识分子中的先锋形象，但却没有从根本上赋予她作为知识分子应有的觉悟和担当，导致这座所谓的私塾不过是一座悬浮的空中楼阁。

　　泰戈尔将女性教育的重点落在文学上，是作家本人审美取向和他心目中理想女性形象的投射。女性对自己性别身份的定位可能从幼年观察原生家庭的权力等级时就开始了，她们陷入了一种伦理困境，"国家理论常常包括了对妇女的传统要求，如女性要简单、温顺，等等"[2]她们需要虔诚、忠诚于自己的丈夫，把丈夫和孩子放在第一位，并保证内心的善良。孟加拉女性身处男权社会为她们打造的身份降级的圈套中，很难不麻木于长期希望渺茫的处境。巴拉迪·雷（Bharati Ray）认为导致女性潦倒的因素包括男性的自私和女性的精神奴役化。[3]《被毁之巢》中的佳鲁打破了精神上的桎梏，而表现出对自己的负责和对自身权利的维护。女性意识的觉醒在这部小说中以认识到身为女

---

[1] 陈顺馨，戴锦华选编. 妇女、民族与女性主义. 中央编译出版社，2004，第 255 页。
[2] G. C. Spivak，Peter Collier，'Helga Geylerryan. Poststructuralism, Marginality, Postcoloniality and Value, Literary Theory Today'. Cornell University Press, 1990, p.222.
[3] Ray, Bharati (Ed.). 'Women of India: colonial and post-colonial periods'. 2005. p.435.

性的价值，并对男性进行反叛和报复为方式呈现出来。

从佳鲁的价值追求来看，她的思想水平已经超越了男权社会的传统女性，她不是在附庸父亲或者丈夫的能力的过程中获取安定和幸福，而是把快乐建立在自我价值的确认和实现上。她自己的创造和付出是抵御空虚的唯一手段。在后面的情节中，佳鲁鼓励奥莫尔写出了优秀的文学作品，奥莫尔却在没有和佳鲁商量的情况下擅自发表了作品。佳鲁因此而感到伤心难过。当奥莫尔在文坛上享有声誉，他拥有了自己的读者并且收到一些读者来信时，"佳鲁既感到高兴，又感到不痛快。现在，奥莫尔的创作不再需要她一个人的热情和鼓励了。"[①]而这也说明，奥莫尔在她的鼓励下写出出色的作品这件事，让佳鲁意识到了她自己的力量是如此的重要。当她意识到她的鼓励对奥莫尔来说不再重要时，她才会感觉到被无形的东西刺伤了心灵，因而感到如此悲伤。

此外，佳鲁对于男女平等对话关系的追求，也是女性意识觉醒的一种体现。这种平等关系绝对不是物质上的。从物质的角度而言，普波迪的地位远远高于佳鲁，但这并没有使佳鲁感到低人一等或是战战兢兢，她没有因此仰慕普波迪，也从不试图讨好普波迪，这表明在佳鲁眼中物质关系不足以成为定义人格关系的决定因素。佳鲁所看重的是精神上的平等。她爱上奥莫尔的原因，除了她能从奥莫尔身上获得被需要的成就感之外，更多的是缘于她和奥莫尔一起对文学的探讨和

---

① 泰戈尔.泰戈尔作品全集.人民出版社，2015，第 11 卷上，第 513 页。

交流。交流变成了爱情发生中重要的一环，意味着佳鲁意识到并容许人本身超越了财富、种姓和阶级而成为爱情的本源。在佳鲁和奥莫尔两个人的情感关系中，佳鲁对于这种平等关系的追求也是非常执着的。当奥莫尔出版了自己的作品之后，佳鲁一直感到非常失落。她认为："现在奥莫尔已经不再认为，佳鲁是同自己一样的人了，他已经把佳鲁排斥在外了。现在他是作家，而佳鲁只是一个读者。佳鲁想到这里，决心要进行报复。[1]"佳鲁在和奥莫尔相处的过程中，她一直在寻求一种关系的平衡，换一种说法，她一直处于和奥莫尔较量的过程中。虽然名义上是奥莫尔在辅导她的文学，但她并不甘于落在奥莫尔之后。因此当奥莫尔出版作品、成为作家后，佳鲁不甘心沦为奥莫尔万千读者中普通的一个。于是她开始了自己的写作，以便能够继续实现二人关系的平等。这些能显示出她作为独立个体，为了获取与心上人平等对话的权利而做出的努力。

佳鲁的女性意识觉醒体现为对实现自身价值和达成男女平等的迫切追求，这种觉醒并不能直接促成她脱离私人领域而进入公众领域，但如果觉醒不仅发生在一个人身上，而是发生在整个女性群体身上，那么女性在民族语境下发挥作用的可能也就凸现出来了。

《被毁之巢》中的佳鲁通过满足爱人的诉求、精神上与爱人沟通并且匹配爱人的身份来确认自己作为女性的价值，并以此作为她

---

① 泰戈尔. 泰戈尔作品全集. 人民出版社，2015，第 11 卷上，第 522 页。

精神"出走"的基石。在佳鲁的精神成长中，男性的参与是必不可少的尺度。尽管泰戈尔笔下的女性都在一定程度上完成了女性意识觉醒的任务，但他在作品中只展现了觉醒过程中有利于小说表达的个别段落，导致文学形象的理想性只能停留在文学世界，而在现实世界不具备代表性和说服力。

《被毁之巢》由孟加拉文原文题目"নষ্টনীড়（Nastanirh）"翻译而来，其中的"নীড়"原意为"家"，普遍用法为与"পাখি（鸟）"一词连用，表示"鸟的家"，即"鸟巢"。与其他表示"家"的词语（如"বাড়ি""ঘর"）不同之处在于，"নীড়"比中性的"家"多了一层"归属地"的感情色彩，与汉语"爱巢"中"巢"的用法类似。由此可知，泰戈尔在选择题目时，即试图通过"নীড়"一词的使用，构造一个存在温度和归属感的家庭概念。从小说题目可以看出，家庭是这部小说的重要主题；而从内容来看，家庭也是小说情节的主要发生场所。小说以女主人公佳鲁的视角为主要叙述视角，因此小说情节也局限在佳鲁的活动空间和视线可达的世界。

作为家庭空间的"巢"极具性别色彩。对于女性本人而言，这一空间具备空虚和封闭的特点。小说主人公佳鲁是中产阶级家庭的女主人，作品一开头就写道："在这个富有的家庭中，不需要佳鲁做任何事情。"[①]同时，她的丈夫普波迪醉心于经营英文报纸

---

① 泰戈尔.泰戈尔作品全集.人民出版社，2015，第 11 卷上，第 505 页。

和结交政党头目，而忽视年幼妻子的成长与精神需求。家庭这一空间对于佳鲁来说，既不是"工作"内容和料理对象，也无法满足她对于家庭归属感的情感需要，而仅仅作为一个生活场所而存在。作为"巢"的家庭空间还象征着女性的精神空间。虽然从物理的角度而言，佳鲁是被迫局限在家庭空间之中，但是从精神的角度，她却是主动地把自己封闭在这一空间内。当佳鲁与奥莫尔谈论修建花园的计划时，奥莫尔提议将计划告诉普波迪以获得物质支持，而佳鲁的反应则是："不，跟他说了，还有什么意思呢？这花园要由我们两个人来建。"①奥莫尔在杂志上发表他自己的作品，以及之后又发表佳鲁的作品时，佳鲁却并未因为得到外界的认可而开心，反而埋怨奥莫尔将两人的秘密泄露出去，表现出她非常狭隘地坚守两人世界的理想。与她的行为相对，奥莫尔则为自己收获的社会赞誉而无比兴奋。"奥莫尔在读者中赢得了声誉，现在他开始仰着头走路了。"②小说的结尾，奥莫尔走出了这个"巢"，甚至走出了这个城市、这个国度。普波迪也要到另外一座城市工作，远离这个令他失望的"巢"。只有佳鲁一个人自始至终都没能摆脱这个家庭的圈套。即使是清醒、独立且才高八斗的女性，仍然只能把个人的成长限制在一所房子之内；而男性却理所当然地随机抓住在外界活动的机会。这一结构暗喻了民族斗争的时代背景下，局限的家庭空间与

---

① 泰戈尔.泰戈尔作品全集.人民出版社，2015，第 11 卷上，第 508 页。
② 泰戈尔.泰戈尔作品全集.人民出版社，2015，第 11 卷上，第 517 页。

圆满主义者：泰戈尔

外放的公共领域的二元对立关系，重新呼应了主流的民族主义对于女性的排斥。

　　家庭空间的另一参与者是男性，而对于男性而言，他们对于被女性占据的家庭空间的期待，实际上就是他们对于女性任务的规划。小说后半部分，普波迪的社会工作遭受重创，小说中反复出现如下表述："今天黄昏刚刚降临，他就回来了，仿佛是要在佳鲁这里寻找某种安慰似的。"① "就在那一天，他提前走进了内室。世界上还有一个可以信赖的地方，他来这里是想让自己那个被压抑的心灵尽快感受到这一点。"② "如果佳鲁是个无情无义的人，那么，他将到哪里去安身呢？"③ "鸟巢"的意象在泰戈尔的文学创作中并不少见，常常象征着心灵的故乡，比如"你是天空，你也是鸟巢"（《吉檀迦利》，第67首）被解读为"人类正如那迁徙的鸟，飞翔的翅膀千百年来总是承担着心灵自由与生命飞扬的梦想"；④ 再比如泰戈尔用一句梵文诗"全世界相会在同一个鸟巢里"作为国际大学的校训，⑤ 表明了鸟巢作为伟大理想的生发之地这一作用。在《被毁之巢》中，"正如黄昏时鸟儿一看到黑暗降临就要返回自己的巢穴一样"⑥，回到家的普波迪同

---

① 泰戈尔.泰戈尔作品全集.人民出版社，2015，第11卷上，第528页。
② 泰戈尔.泰戈尔作品全集.人民出版社，2015，第11卷上，第532页。
③ 泰戈尔.泰戈尔作品全集.人民出版社，2015，第11卷上，第533页。
④ 吴燕.你是天空，你也是鸟巢——浅论泰戈尔英文诗歌《吉檀迦利》的泛神论思想 [J].广西青年干部学院学报，2004(04):50-51。
⑤ 单滨新.蔡元培与泰戈尔：筑建中印文化的"鸟巢"[J].北京观察，2014(11):75-79。
⑥ 泰戈尔.泰戈尔作品全集.人民出版社，2015，第11卷上，第542页。

样将家庭这个鸟巢视作了心灵的故乡，视作远离令他受到伤害的"外部世界"①的抚慰之地。遗憾的是，当一个民族的男性都将此职责强加于家庭空间和占据家庭空间的女性主体身上并无视女性的情感诉求时，女性的发展潜力就会遭受到普遍性的忽视和降级。正如学者巴蒂亚·南迪（Bhatia Nandi）所提出的，女性所象征的家庭成为民族主义霸权出发的起点，家庭日常空间仅作为民族斗争的补充而存在。②普波迪正是把佳鲁所象征的家庭当作他在外界从事民族主义活动的补给站，他对于佳鲁的依赖仅仅停留在佳鲁所象征的家庭的躯壳。

象征着家庭的"巢"和"闺房"虽然是男权的衍生物，但泰戈尔和侯赛因通过这两个空间意象表达了女性对男性期待的否决和对空间权力的扭转。《被毁之巢》中的佳鲁之所以在南亚文学的众多经典女性形象中脱颖而出，恰恰在于她出于女性独立意识，无视了丈夫对于家庭的虚无的期待，反而将这一被民族主义委以民族任务的空间扭转为追求自身幸福的权力空间。佳鲁在家中学习自己喜爱的知识，通过写作表达自己，打理自己的秘密花园，甚至在这一空间中勇敢地面对伦理界限之外的爱情。她在这个空间中占据了绝对的主导地位，使这里成了男权社会背景中一处封闭而独立的女性权力空间，从这个角度来看，佳鲁通过权力空间完成了对男权主义统

---

① 泰戈尔.泰戈尔作品全集.人民出版社，2015，第 11 卷上，第 541 页。
② Bhatia, Nandi. 'En-Gendering India: Woman and Nation in Colonial and Postcolonial Narratives' [J]. Feminist Review, 2003, 74(1):113-114.

圆满主义者：泰戈尔

治的叛逆和颠覆。如果说普波迪心目当中的家庭是一个"巢"，是鸟儿飞倦了就可以回归的所在，那么捣毁这个"巢"的就是佳鲁本人，她不仅因为爱上了另一个人而在现实意义上毁灭了这个家庭的完整，更因为她抹除了这个家庭中的温情功能，解构了男权在社会结构中赋予家庭的职能，而将它变成了另外一个、同时也是唯一一个使她可以实现个人发展的空间。虽然佳鲁仍然处在一个被男权定义为"巢"的家庭空间中，但是她通过为自己赋权的方式，将这个"巢"转变为自由解放的小型"女儿国"。

在《被毁之巢》中，女性通过情感来支持男性不仅仅体现在家庭为男性主导的民族运动供给养分，还体现在以女性为表征的乡村生活所能提供的抚慰作用上。《被毁之巢》中两个主要女性都有着乡村生活的背景。佳鲁为了争得奥莫尔对自己的尊重而开始写作，一开始，她学习奥莫尔的写作风格，模仿的痕迹非常明显。当她自己认识到这一点之后，她有意识地做出了改变，并写作了《迦梨女神祭坛》——"在他们家乡绿荫掩映下的昏暗的池塘边，有一座迦梨女神庙。她童年的幻想、恐惧、兴趣都与这座神庙有关，这座神庙给她留下许多色彩斑斓的回忆……她这篇作品的开始部分模仿了奥莫尔作品的风格，充满了恢宏的诗意，可是接下去的部分，就显得自然而朴实，并且充分体现出乡土化的语言风格。"[1]正是这样的

---

① 泰戈尔.泰戈尔作品全集.人民出版社，2015，第 11 卷上，第 524 页。

文字风格赢得了文学批评界的赞赏。而另一位主要女性，即佳鲁的嫂子蒙达同样出身于乡村，她在小说中最具魅力的时刻在于她向奥莫尔讲述自己在老家的见闻，她对乡村生活的描述，深深吸引了奥莫尔，他听得津津有味。学者苏珊·斯坦福·弗里德曼（Susan Stanford Friedman）曾对佳鲁的写作风格进行分析，她认为，佳鲁的文学作品象征着孟加拉传统民俗文化的传承，并与象征着孟加拉现代化进程的普波迪的英文报纸共存，暗示着孟加拉多元文化的存在。[1]奥莫尔和学界对乡村题材的兴趣，可以理解为在男性主导的民族进程的宏大叙事之下，女性所表征的传统乡村世界对于激烈斗争的气氛下的民族运动有安抚和疗救的功能。泰戈尔通过女主人公打造花园来实现民族作为精神家园而产生意义的意图。

"花园"意象具有四个方面的文化意蕴：第一，花园是宁静和天真无邪的；第二，花园是物产的象征，是富足、悠闲生活的保障；第三，花园也是精神生活的保障，因为它生产了"美"和"激情"；第四，花园是心灵的皈依所、灵魂的安顿处。[2]

泰戈尔对《被毁之巢》中的花园是这样描述的："普波迪的内宅院里有一块地，如果说它是花园，未免太夸张了。这个院子里的主要树木是一棵西洋的阿木拉树。为了更好地利用这块土地，佳鲁

---

① Friedman, Susan Stanford. 'Towards a Transnational Turn in Narrative Theory: Literary Narratives, Traveling Tropes, and the Case of Virginia Woolf and the Tagores'. Narrative, vol. 19, no. 1, 2011, pp. 1-32.

② 谢艳明. 文化视阈下的中西诗歌情感符号. 武汉大学出版社，2016，第25页。

和奥莫尔成立了一个委员会。"①佳鲁和奥莫尔对这座花园的设计包括一间茅屋、几只小鹿、一个池塘、几只鹅、蓝莲花、一座小桥和一只小船。

佳鲁心目中的花园首先具备着理想主义的完美性。囿于有限的资金，花园的打造并无法完全依照佳鲁和奥莫尔的规划，于是奥莫尔提出了使用较次等品的替代性方案。佳鲁则对这种做法很排斥——"根据预算来压缩原来的计划，对佳鲁来说是不情愿的。"②相比于拥有广阔外部空间的男性，花园作为物理空间对被限制在深闺中的孟加拉女性具有更重要的意义。花园不仅能够为女性提供一个补充性的活动空间，还能使女性通过自己的努力实现自己对于美的想象和追求。

花园是物产的象征，是富足、悠闲生活的保障。在《被毁之巢》中，花园建设的可能性建立在整个家庭和佳鲁个人富足的前提条件之下。在南亚社会的语境下，能够在家宅之内开辟出一座花园本身就意味着这个家庭相对富裕。根据小说，佳鲁凭借自己积累的零花钱就可以和奥莫尔一起描绘花园蓝图，只要两人努力，就可以建造出一个低配版的理想花园；如果加入普波迪的财富力量，那么就能够雇佣工人建造出更加豪华的花园。这只形容了社会中个别家庭的富足。

花园作为精神生活的保障在《被毁之巢》中有比较明显的体现。佳鲁理想中的花园有着灵感之源的意义："那你就可以描写我们这

---

① 泰戈尔.泰戈尔作品全集.人民出版社，2015，第 11 卷上，第 507 页。
② 泰戈尔.泰戈尔作品全集.人民出版社，2015，第 11 卷上，第 508 页。

座花园，写出一篇小说来给我看。池塘、鹿舍、阿木拉树，所有这一切都要写进小说里——除了咱们俩，别人谁都读不懂，那就太有意思了。"①在佳鲁有限的生活经历和生活体验中，花园的作用在于使她在一个相对广阔的空间中从自然和生命中培养情操。除了成为主人公思想和文学作品里的主题之外，花园还象征着女性情感解放的可能性。在《被毁之巢》中，花园是佳鲁和奥莫尔滋生感情的场所。在以佳鲁家为代表的一批家中有花园的家庭中，花园相对于"壁垒森严"的卧房、深闺，属于女性可以活动的相对自由的空间。相对于卧房、深闺中尊卑有序、谨小慎微的情感表达，花园的开阔和自由也相应地允许女性进行规训之外的情感表达。虽然最终花园的破产也暗示了两人感情的无疾而终，但通过这一情节的展现，花园作为孟加拉女性精神空间和感情空间的作用仍然比较明显。

花园作为富含深意的意象而存在。"尘世是粗俗的，伊甸园不存在于现实世界中，是人们无法触及的，而花园是一种介于尘世和伊甸园的中间地带。"②之所以有在文学作品中建造花园的必要，原因恰恰在于对尘世现存状态的不满，正如对现存的民族计划有所不满而需要解构和重构民族的逻辑。而女性视角下对理想民族的定位正是从物理维度、物质维度和精神维度投射到她们对于花园的向往中。

---

① 泰戈尔.泰戈尔作品全集.人民出版社，2015，第 11 卷上，第 509 页。
② 谢艳明.文化视阈下的中西诗歌情感符号.武汉大学出版社，2016，第 25 页。

从精神维度上来看，透过花园意象，可以看出女性对于民族的精神诉求是很复杂的。一方面，女性面对民族这一概念时持有一定的保守性。对花园的偏爱、对植物的珍视实际上表达了一种追溯故乡与自然世界的审美倾向，佳鲁在写作中流露出的故乡记忆以及莎拉姐姐对于踩踏行道花草的自在心态都体现出城市背景下女性对于原生态和亲近自然的追求。这似乎表明女性归属感的来源在现代主义与保守主义之间倾向于后者。但进一步观察女性对于花园的"精雕细刻"时，又会发现女性的行为中有相当一部分现代化的因素，比如佳鲁希望采购来自世界各地的植物，并想用大理石建造码头。在民族概念中针锋相对的现代性与保守性通过女性花园意象的塑造实现了一种完美的平衡，意味着女性对于民族的精神诉求并不被所谓的主义或边界所限定，而呈现出比较平和的文化多元状态。

泰戈尔通过佳鲁的形象把文学的重要性抬到了很高的地位。如果将佳鲁和普波迪二人看作文学与政治的两极，那么作者对于前者的偏重是溢于言表的。作者时常借佳鲁的口对普波迪对于文学的无知大加讽刺，比如奥莫尔的作品发表之后，佳鲁问普波迪是否读过奥莫尔的作品，普波迪窘迫地回答："是的——不，没有认真读过。我没有时间。"[①]针对文学在何种程度上产生意义，佳鲁与普波迪的

---

① 泰戈尔.泰戈尔作品全集.人民出版社，2015，第 11 卷上，第 514 页。

一段争论对这个问题做出了回应。

普波迪一边捋着头发，一边说："写得不错。不过，为什么让我看呢？这种富有诗意的文章，我怎么能理解呢？"

佳鲁从普波迪手里拿回报纸，说道："那你能理解什么呢？"

普波迪说："我是尘世凡人，我能理解人。"

佳鲁说："难道文学作品就不描写人吗？"[1]

这段对话揭露了对于文学的两种不同理解。普波迪认为文学是虚拟的世界，自己所关怀的现实世界中客观存在的人类活动才能反映真实的人；而佳鲁的话则揭示出文学更加能够剥离外在因素而反映人类的本质，在这个意义上说，以普波迪为代表的很多政治活动家并没有兴趣和耐心去认识人类本质的生存和精神需求。作者在这部作品里虽然没有直接书写战争或表达对于战争的反对，但借由对文学的推崇讽刺了一批打着人民的旗号却无视人民内心真正的诉求的民族主义者，而作者批判的这一点，恰好也正是军国主义的内在逻辑。

弗吉尼亚·伍尔芙的《三个金币》中，有一位女性和平主义者说道："作为一个女人，我没有祖国。作为一个女人，我不需要祖国。作为一个女人，我的祖国是全世界。"这段和平主义的宣言形象地

---

[1] 泰戈尔.泰戈尔作品全集.人民出版社，2015，第 11 卷上，第 515 页。

描述了女性相较于男性更淡薄的国界和种族边界意识。在女性关于姐妹关系的联合上，女儿国的女性展现了对男权主义姐妹关系想象的反驳。关于男性如何想象女性间的姐妹关系，泰戈尔的《被毁之巢》提供了一个很好的例子。在《被毁之巢》中，佳鲁和蒙达两个主要的女性角色之间有着相当微妙的关系。普波迪为了缓解妻子佳鲁的寂寞，请他的嫂子蒙达与她同住。在男性的"理解"和"大度"之下，两位女性本应该形成彼此陪伴的友谊，这份平衡却在奥莫尔到来之后被打破了，两个人为了争取家中"唯一"男性的关注而针锋相对、争风吃醋甚至是互相攻击。佳鲁对奥莫尔有着明确的好感，于是在两人的相处中若有似无地排挤着偶尔试图介入的蒙达，比如她认为蒙达欣赏不了她和奥莫尔在秘密花园的情趣，只以寻找熟透的阿木拉果为借口敷衍蒙达。而蒙达也同样思慕着奥莫尔，原本不爱学习的她可以为了奥莫尔伪装出对读书的兴趣。她嫉妒佳鲁和奥莫尔的关系，甚至在离开之前还要造谣，谣言导致奥莫尔对佳鲁产生误会。佳鲁和蒙达的关系甚至令人联想到了宫斗剧的经典情节。这是男性作家笔下的姐妹关系想象，印证了《女权主义理论：从边缘到中心》一书中"我们还被教育说妇女是'天生的'敌人，我们之间永远也不会有团结，因为我们不会、不应该也不可能相互联合"的阐释。①

原本女性遭受的压迫并不是其他国家/民族造成的，而是本国

---

① 贝尔·胡克斯.女权主义理论：从边缘到中心.江苏人民出版社，2001，第51页。

的男性造成的，因此能够抑制本国男性的外国势力对于女性来说反而近似一种"盟友"的身份。在这个意义上说，即便同属于一个民族，如果内部存在着压迫与被压迫的关系，那么也不值得互为同胞；而即便分属于不同民族，如果能够做到互相尊重和彼此关爱，那么也与同胞无异。侯赛因借助这一逻辑推理进一步印证了民族联合的合理性与可行性，并赋予民族一词以世界性的外延。正如小说《喀布尔人》中的喀布尔人和小女孩，他们虽然分属不同的宗教和民族，却出于人性共通的本性而产生了父女一般的情感。

《喀布尔人》：爱不仅是感情，也是真理[①]

　　泰戈尔创作的短篇小说《喀布尔人》中，主人公作家一家住在加尔各答的一条小巷里。某一天作家五岁的女儿米妮结识了在小巷里兜售水果的喀布尔商贩罗赫摩特，喀布尔人每次见米妮都会带来坚果与葡萄，两人互相逗乐、互相倾诉，很快结下了纯真快乐的友情。然而作家和妻子却屡次对这段地位、身份与年龄差距悬殊的情谊表示深深的忧虑。直到有一天，喀布尔人和一位赊购赖账的街坊在小巷里发生了争执，最终喀布尔人因用刀刺人的罪行被关进了监狱。从此这位来自阿富汗山脉的小贩消失了，五岁的米妮也逐渐忘记了这位朋友。

　　八年后，米妮出嫁的这一天，喀布尔人突然出现在了作家的家中，作家拒绝了他和米妮相见的想法，喀布尔人失望地留下带给米妮的坚果和葡萄，然后掏出一张脏兮兮的小纸片。上面印着一只小小的手印，原来喀布尔人在遥远的家乡阿富汗有一个和米妮年龄相仿的小女儿，他多年来对女儿的思念仅仅得以寄托在这张印着手印的小纸片上。显然曾经五岁的米妮让这位远走异乡的喀布尔人感受到了与自己女儿一般的童真与亲情。然而此时的米妮对喀布尔人早已疏离，已然不是他记忆中的那个小姑娘了。动容的作家最终压缩了米

---

① 本文由冯子昕撰写。

妮婚礼的预算，资助喀布尔人回阿富汗和女儿团聚。

泰戈尔在短篇小说上的成就仅次于诗歌。作为印度短篇小说的开创者，他的创作代表了印度近现代短篇小说的最高成就。但他的小说也同样具有浓烈的诗化特征。这一点在《喀布尔人》中体现在他如诗般优美的语言和如诗般细腻的感情上。例如在米妮出嫁的这一天，"早晨，朝霞满天。在雨后的秋日中，清新的阳光宛如纯金一样斑驳灿烂。连加尔各答小巷里鳞次栉比的破旧砖房，也被这霞光抹上了一层奇妙的色彩。"泰戈尔将喜庆与美好的氛围融入周围的景物，让一砖一瓦都洋溢着平静与幸福："今天，天刚破晓，我们家就吹奏起欢庆的唢呐。这声音仿佛是从我的胸膛里、我的骨髓里，迸发出来的呜咽哭泣。悲伤的曲调把我的离愁别恨和秋日的明媚阳光揉搓在一起，传动到远方。今天我的米妮要出嫁了。"读者通过对霞光与吹奏乐的体味感受到了作家深重的爱与哀伤；再例如，"我一见到他国异域的人，我的心就仿佛瞥见了坐落在山谷怀里的茅舍，眼前浮现出快乐自由的生活景象……与喀布尔人闲聊时我的心就漫游起来：难以攀登的崇山峻岭高耸入云，夕阳给它们染上了一层红色；驮着货物的骆驼，在狭窄的山间小径上缓缓而行。"仅仅是见到一个异乡人，"我"就无法抑制地畅想出远方的景象，激发出无限的思绪，这种细致敏锐的感知力正是作家诗人情怀的体现。这种具有强烈的泰戈尔式的诗化特征同样体现在他的短篇小说《素芭》《邮政局长》和《饥饿的石头》等作品中。

真实细腻的情节设计也是《喀布尔人》让人倾心的一大原因。

泰戈尔的小说往往时间跨度很大，故事情节进行得有条不紊，然而其中穿插的个别细节却格外传神与生动。例如在喀布尔人重新见到作家后"将手伸进长衫的胸口处掏出一张脏兮兮的纸片，又用双手小心翼翼地展开抚平，将这纸片放在我桌上"。这电影特写镜头般的描述，将一位父亲难抑思念的哀伤无奈演绎得淋漓尽致。"罗赫摩特年复一年地在加尔各答的街道上兜售货物，而这张印着小手印的纸片被他揣在怀里，仿佛女儿的小手抚触着他的胸膛，甜蜜地抚慰着他那被离愁攥紧的心。"看似粗鲁、低俗的喀布尔人用一种柔软得让人心碎的方式，守护着对女儿的思念。泰戈尔到底是一位诗人，从创作准则到语言激情，处处彰显着他诗化的细腻内核。

《喀布尔人》体现了泰戈尔强烈的人道主义精神，这也是贯穿他作品始终的一个主题。作为孩童的米妮对穷人喀布尔人的感情纯真而热烈，淳朴的喀布尔人也以最真挚的"父爱"回馈米妮。这种纯粹的情感一次又一次冲击着作家和妻子对喀布尔人的偏见。同时泰戈尔还把父女情和对弱势群体的共情完美巧妙地糅合在一起。尽管作家和喀布尔人差距悬殊，但他们因父亲这个共同的身份产生了强烈的共情，孟加拉和遥远的喀布尔、富有的作家和贫穷的商贩的距离最终都被这种共鸣缩短。泰戈尔通过对喀布尔人的关怀，唤醒人心内在的善，控诉当时社会对劳动人民普遍的偏见，表现出泰戈尔超越阶级与民族的大爱和大义。

泰戈尔的作品如浩瀚星辰，他的思想有如海纳百川，但如果要用一个词来凝练，这个词就是"爱"。梁启超说，泰戈尔带给中国人的一件礼物是，"教给我们知道有绝对的爱——对于一切众生不妒不厌不憎不诤的纯爱。"泰戈尔在他的文学作品中创造了一个和谐温情的爱的世界。正如泰戈尔自己所说："爱是我们周围一切事物的最终目的。爱不仅是感情，也是真理。"郑振铎评价泰戈尔时也总结道："泰戈尔是一位哲学家，一个印度精神与爱国的领袖，一个戏剧家，一个小说家……而超乎这一切的，他首先是一个爱的诗人。"《喀布尔人》正是泰戈尔的"爱的哲学"的动人篇章，而这一主题也滋养着泰戈尔的全部精神世界与所有文学创作。

PART 3

泰戈尔在中国

　　罗宾德拉纳特·泰戈尔于 1924 年四五月间第一次访问中国，后来于 1929 年又来了中国两次。他热爱中国，对饱受压迫、侵略的中国人民深表同情。他早在年轻时就曾经发表文章《在中国的死亡贸易》，谴责英国人在中国进行鸦片贸易。他谴责日本对中国发动的侵略战争，支持中国人民的正义斗争。他是中国人民真诚的朋友。

泰戈尔作品在中国的译介研究

罗宾德拉纳特·泰戈尔于 1912 年 5 月前往英国旅游。同年 11 月在伦敦出版了他自己翻译的英文诗集《吉檀迦利》，顿时轰动了英国文化界。1913 年泰戈尔获得了诺贝尔文学奖，从此泰戈尔的名声大震。中国的文化界也开始关注印度这位大诗人。他的作品开始被介绍到中国来。

从目前查到的资料看，中国最早发表泰戈尔译著的人是陈独秀。1915 年 10 月，他在《青年杂志》第一卷第二期上发表了他翻译的泰戈尔的四首诗。刘半农、郑振铎、黄仲苏、陈熙、赵景深、王独清、金明远等文化人，也翻译发表过泰戈尔的诗歌和小说。特别是 1924 年泰戈尔访问中国前后，当时中国报刊上出现不少介绍泰戈尔的文章及其作品的译文，掀起一股翻译介绍泰戈尔作品的热潮。郑振铎、冰心、徐志摩，甚至郭沫若等都深受其影响。不过，当时报刊发表的作品以及出版社出版的译作，几乎都是从英文转译过来的；文字也多是半文半白，比较零散，流传至今的不多。

1961 年为纪念泰戈尔 100 周年诞辰，人民文学出版社出版了《泰戈尔作品全集》十卷本：第一、二卷是诗歌，包括《故事诗》《吉檀迦利》《新月集》《园丁集》《飞鸟集》，以及从 1921—1941 年间诗人创作的诗集中选译的 25 首诗歌。第三卷收入短篇小说 17 篇，第四卷收入短篇小说 12 篇，共收录了 29 篇，第五卷收入中篇小说 3 篇——《四个人》《偷来的宝物》和《两姐妹》。第六卷是长篇小说《小沙子》（即《眼中沙》）。第七卷是长篇小说《沉船》。第八和第九两卷是《戈拉》。第十卷是戏剧，收录5个剧本：殷衣译的《修道士》（即《大自然的报复》）、余大缜译的《国王和王后》、谢冰心译的《齐德拉》（即《花钏女》）、冯金辛译的《邮局》和英若诚译的《红夹竹桃》。

中文版的十卷本《泰戈尔作品全集》中绝大部分作品是从英文、俄文等转译过来的，只有石真女士翻译的《故事诗》、中篇小说《四个人》和零散的25首诗，是从泰戈尔母语——孟加拉文翻译的。这套作品集虽然容量比较小，收入的作品有限，但是对于介绍泰戈尔起到了较好的作用。

为纪念泰戈尔120周年诞辰，中国的学术界于1981年夏天在北京举行了第一次泰戈尔学术研讨会。此后介绍泰戈尔作品又出现一个高潮。泰戈尔的许多作品从其母语——孟加拉文直接翻译过来。例如，1983年6月漓江出版社出版的泰戈尔短篇小说选《饥饿的石头》，收录41篇短篇小说，其中24篇直接译自孟加拉文，15篇译自印地文，2篇译自英文。1990年9月浙江文艺出版社出版了《泰戈尔散文诗全集》，其中收录译自英文的散文诗集8部：冰心译的《吉檀迦利》和《园丁集》，郑振铎译的《新月集》《飞鸟集》，石真译的《爱者之贻》《渡口》，吴笛译的《采果集》，魏得时译的《游思集》；收入译自孟加拉文的5个诗集：董友忱、白开元译的《随想录》，白开元译的《再次集》《最后的星期集》（应译为《最后的旋律》）、《叶盘集》《黑牛集》（应译为《墨绿斋集》）四部诗集。1994年12

月湖南文艺出版社出版了《泰戈尔短篇小说选》，收入短篇小说41篇，全部译自孟加拉文。

2000 年 12 月河北教育出版社出版了《泰戈尔全集》，这套书汇集了这个时期的主要译介成果。共 24 卷：1 ~ 8 卷为诗歌，9 ~ 10 卷为短篇小说，11 ~ 14 卷是长篇小说，15 卷是中篇小说，16 ~ 18 卷是戏剧，19 ~ 24 卷是散文。应该说，出版社为出版这套书花费了不少财力和精力，绝大多数参与者也都尽职尽责。然而，由于出版社要求尽快出书，时间仓促，来不及翻译出泰戈尔的全部作品，也来不及做译名的统一工作，因此存在许多错误，留下了很多遗憾。

第一，《泰戈尔全集》这套书，并不是真正的全集。诗歌不全，小说也不全，戏剧更是不全，散文那就差得更远。泰戈尔的 66 部诗集，《全集》收录了 57 部，有 8 部诗集（长篇叙事诗《诗人的故事》《林花》、诗集《少年之歌》《缤纷集》《译写集》《译诗集》《颂名人集》《火花集》等大量补遗诗）都没有翻译收录。

再说剧本，泰戈尔一生创作 84 个剧本，《全集》只收录 42 个（其中还有 13 个剧本是译自印地文）。没有收入的剧本共有 42 个（例如：《破碎的心》《鲁德罗琼德罗》《死神狩猎》《诺莉妮》《歌舞剧花钏女》《迦尔纳与贡蒂的对话》《王冠》《无形的宝石》《还债》《最后一场雨》《舞女的膜拜》《舞王》《新颖》《摆脱诅咒》《夏玛》《解脱之路》《花圃》《纠缠》，等等）。

泰戈尔共创作短篇小说 96 篇，《全集》收入了 84 篇（其中有 35 篇是从印地文转译的，有 4 篇是从英文转译的），有 12 篇没有收入，还将其中的一部中篇《被毁之巢》编入短篇之列。长篇小说《天定情缘》没有收入。在译自印地文和英文的 39 篇小说中，也存在大量不准确之处，错译的地方也不少。

散文部分没有收入的就更多，例如《五元素》(Panchbhoot)、《印度》(Bbhaaratbarsha)、《杂文集》《英雄崇拜》《古代文学》《现代文学》《纪念贤哲》(Chaaritaapoojaa)、《圣雄甘地》(Mahaadmaa gaandhee)、《基督》(Khrista)，等等。有些散文集中只选译一部分，但是署某散文集之标题，例如《在波斯》《圣蒂尼克坦》(Shaantiniketan)、《国际大学》(Bishvab-haaratee)。总之，粗略地统算一下，《泰戈尔全集》只收入了泰戈尔作品的四分之三左右，有近四分之一没有收入。因此，河北教育出版社这套书称之为全集，实在是名不符实。

第二，《泰戈尔全集》中存在着译名不统一的现象，同一个名称在不同的作品里却出现不同的译法。比如，剧本《牺牲》是根据长篇历史小说《贤哲王》改编的，小说与剧本中的同一个人物，在《泰戈尔全集》中却成了截然不同的两个人物，小说中的国王"戈宾多马尼克"在剧本中就译成了"戈温德·马利盖"，"诺科特罗"亲王就变成了"那卡什特利拉叶"，祭司"罗库波迪"就被译成"勒柯帕迪"，寺庙侍者"久伊辛赫"就成为"吉叶·辛赫"，小男孩"特卢博"就变成了"塔鲁沃"，等等。类似的情况不少。

第三，有个别的诗集和篇名译得不准确，甚至有译错的情况，例如 Shes Saptak 孟加拉文的意思是"最后的 7 个音阶"，相当于我们简谱的七个音阶：1、2、3、4、5、6、7，翻译成"最后的旋律"比较好，可是，河北教育出版社的《泰戈尔全集》却译成了《最后的星期集》[2]（卷6，P225）。泰戈尔的诗集"Shyaamalee"错译成了《黑牛集》[2]（卷7，P1），"Shyaamalee"孟加拉文的本意是"黑色的""墨绿色的"。诗人在国际大学的北寓所建造了一栋泥土平房，并且起名为"Shyaamalee"，这个诗集中的大部分诗是这住所写的，所以诗人就将其署名为"Shyaamalee"，因此应该译为"墨黑斋集"，因为此房外墙为黑色。《戏谑集》中有一首诗"Suseema Chaa-chakra"，应该译为《徐志摩茶亭》[3]（卷12，P37），却被简单地译为《茶话会》[2]（卷7，P361）。

第四，散文部分的译文质量不高，特别是译自印地文的部分，错误很多。例如，孟加拉原文普及版本第13卷第420页：

Aatmaake upalabdhi karaai taahaaraa maanusercharamsiddhi baliyaa ganya kariyaachhe. 原文的意思是："他们把感知灵魂视为人的最大成就。"河北教育出版社版本却译成："他们正是把获得灵魂的感觉当作人生的最高成就"[2]（卷23，P103），Sei je ek, tini, sakal hayte antarparamaatmaa, tinii putra haite priya, bitta priya, anyasakal hayte priya. 原文的意思是："这个'一'，他是至深的世界创造者。他比儿子更亲切，比财富更让人喜欢，比其他一切更让人喜欢。"河北教育出版社版本译为：此"一"乃是至深至极至高的神，它爱子，爱富，爱其他一切。[2]（卷21，P314）尽管存在上述问题，河北教育出版社还是做出了很大贡献，参与工作的绝大多数同志也尽了自己的力量。

虽然留下不少遗憾，但毕竟提供了大量的作品。

2005 年 1 月华文出版社出版《泰戈尔小说全译》，共七册：第一、二册共收入 94 部短篇小说。第三册收入 6 部中篇小说。第四至七册共收入 9 部长篇小说。其特点是全是从泰戈尔母语——孟加拉文译出，几乎把公认的泰戈尔的短、中、长篇小说收全了。

2008 年 3 月，外语教学与研究出版社出版了董友忱选编、季羡林题写书名的《泰戈尔诗歌精选》系列丛书，共分六卷：1. 哲理诗卷；2. 爱情诗卷；3. 儿童诗卷；4. 生命诗卷；5. 自然诗卷；6. 神秘诗卷。这套书有以下特点：一是按照泰戈尔所创作的诗歌内容分为六册；二是精选出最佳的作品，汇集成册；三是编者为没有标题的作品加了标题。

以上介绍了泰戈尔作品在国内翻译出版的主要情况。近几十年国内各家出版社还零星地出版了不少泰戈尔的作品。如：人民文学出版社 1984 年出版了《戈拉》，山东文艺出版社 1986 年出版了《家庭与世界》，广西人民出版社 1987 年出版了《寂园心曲》（泰戈尔诗歌三百首），湖南人民出版社 1992 年出版了《沉船》，浙江文艺出版社 1992 年出版了《泰戈尔儿童诗选》，中国国际广播出版社 1991 年出版了《泰戈尔哲理诗选》，湖南文艺出版社 1994 年出版了《泰戈尔短篇小说选》，1995 年出版了《泰戈尔诗选》，1998 年出版了《泰戈尔中篇小说精选》，华文出版社 1995 年出版了《四个人》（泰戈尔中短篇小说精选），辽宁教育出版社 2000 年出版了《眼中沙》，等等。

一、泰戈尔作品孟加拉文版本研究

泰戈尔在世时，印度国际大学图书出版部于 1939 年开始出版《泰戈尔作品全集》。这一套孟加拉文版的作品，大部分是经作者审校过的、差错极少的版本。至 2000 年为止，共出版了 33 卷。第 1 卷（1939 年出版）至第 26 卷（1948 年出版），可以说是泰戈尔作品的主要部分，第 27、28、29、30、31 卷（2000 年出版）——这 5 卷是增补卷。另有 2 卷就是非流行作品汇集本，第 1 卷于 1940 年出版（用 "＋1" 来表示），第 2 卷于 1941 年出版（用 "＋2" 来表示）； "＋1" 和 "＋2" 虽说是非流行本，2 卷所收录的作品也很受读者欢迎，多次再版就是证明。国际大学编辑出版的这套《泰戈尔作品全集》，是最具权威性的孟加拉文版本，通常被称为流行版本。孟加拉文版《泰戈尔作品全集》截至 1948 年已经出版了 26 卷和 2 卷非流行作品汇集本。编者们本以为，泰戈尔作品已经全部出版齐了。可是，过了一段时间，他们又在各种报刊上发现泰戈尔的大量作品，于是又陆续编辑出版了 5 卷补充版本，即第 27、28、29、30、31 卷。现将各卷出版的年份列表如下：

卷	年	卷	年
第 1 卷	1939	第 18 卷	1944
第 2 卷	1939	第 19 卷	1945
第 3 卷	1940	第 20 卷	1943
第 4 卷	1940	第 21 卷	1946
第 5 卷	1941	第 22 卷	1946

第 6 卷	1940	第 23 卷	1947
第 7 卷	1941	第 24 卷	1947
第 8 卷	1941	第 25 卷	1948
第 9 卷	1941	第 26 卷	1948
第 10 卷	1942	第 27 卷	1965
第 11 卷	1942	第 28 卷	1995
第 12 卷	1942	第 29 卷	1997
第 13 卷	1942	第 30 卷	1998
第 14 卷	1943	第 31 卷	2000
第 15 卷	1942	非流行卷 +1	1940
第 16 卷	1943	非流行卷 +2	1942
第 17 卷	1944		

在开始编辑这套书的时候，泰戈尔认为不应该收录他早期创作的一些作品，因为那些作品在他看来是不成熟的，但是编辑们却认为应该收录，因为那些作品是有价值的，是诗人创作的历史结晶。最后编辑们与作者达成协议，将这类作品收录在非流行作品卷出版。这就是非流行作品 2 卷本的由来。

1 ~ 26 卷的作品，是按照最初发表的时间顺序进行编排的，每卷分为四大部分：诗歌、戏剧、小说、散文，最后附有书稿说明和按孟加拉文字母顺序排列的作品索引。后 5 卷为增补卷，就未能完全按上述四部分进行编排，但是后面仍然附有书稿说明和作品索引。这套书是世界公认的已出版泰戈尔作品集中最好的版本，也是搜集最全的版本。

为纪念罗宾德拉纳特·泰戈尔诞辰 125 周年，1986 年国际大学《泰戈尔作品全集》编委会开始编辑出版一套《泰戈尔作品全集》普及版本。《泰戈尔作品全集》普及版本与流行版本的编排版式和内容完全相同，两种版本的区别只在于，普及版本将流行版本的 2 卷合为 1 卷，开本略小了一些，采用小号字体，压缩了行距。这样页数就减少了。例如，流行版本第 1 卷有 646 页，第 2 卷有 655 页，两卷共有 1301 页，而普及版本第 1 卷只有 983 页。如此编排的结果是，流行版本《泰戈尔作品全集》33 卷，变成普及版本《泰戈尔作品全集》18 卷。这样一来，一套普及版本书的售价比流行版本便宜很多，一般孟加拉读者就买得起了。此外，在 18 卷普及版本某些书稿说明部分，还增加了一些补充内容。因此，我们就是依据这套普及版本进行翻译的。现将两种版本相对应地列表如下：

	流行版本	普及版本
卷数	33 卷	18 卷
版面尺寸	16×24 厘米	14×22 厘米

两种版本的对应关系：

流行版本	普及版本	首次出版年
1、2 卷	第 1 卷	1986
3、4 卷	第 2 卷	1986
5、6 卷	第 3 卷	1986
7、8 卷	第 4 卷	1987

9、10 卷	第 5 卷	1987
11、12 卷	第 6 卷	1988
13、14 卷	第 7 卷	1988
15、16 卷	第 8 卷	1989
17、18 卷	第 9 卷	1989
19、20 卷	第 10 卷	1989
21、22 卷	第 11 卷	1990
23、24 卷	第 12 卷	1991
25、26 卷	第 13 卷	1990
27+1 卷	第 14 卷 +1	1991
+2 卷	第 15 卷 +2	1992
28 卷	第 16 卷	2001
29、30 卷	第 17 卷	2001
31 卷	第 18 卷 + 索引	2001

二、泰戈尔诗歌概述

泰戈尔从 7 岁开始学习写诗，直至他逝世前一个星期——1941 年 7 月 30 日上午 9 点半，他口授最后一首诗歌，他的诗歌创作延绵了 70 多年。一生孜孜不倦勤奋写作，用其母语——孟加拉文创作了大量诗歌：孟加拉文诗集 57 个，再加上他自译的 8 个英文散文诗集，总共创作了 66 个诗集，总行数在 11 万行以上。

泰戈尔创作的诗歌，不但量大，而且质优。近百年前，他能以自译的英文散文诗集《吉檀迦利》引起英国和欧洲文坛的轰动，荣获诺贝尔文学奖，就是极好的证明！他的诗歌，至今仍在孟加拉国、印度、南亚，乃至整个世界广为流传，经久不衰！在我国，泰戈尔的诗歌以及其他作品，也曾先后影响了几代文学家。

泰戈尔在诗体、韵律、节拍、排列形式等方面有许多创新。孟加拉文诗歌旧的诗体主要有两种：一是"波亚尔"诗体，即两行诗，字节相等，尾部彼此押韵，常常是两行一韵，变化比较灵活；"波亚尔"一般有长短之分：短波亚尔体一般14个音节单位——前8后6，长波亚尔体一般18个音节单位——前8后10。另一种是"特里波迪"诗体，"特里"是"三"的意思，"波迪"是音步（或诗行）的意思。泰戈尔非常熟练地掌握了传统诗体，并运用自如，而且创造出多种编排形式。

泰戈尔精通乐理，对孟加拉文的节奏也深有研究，因此在诗歌音律诸多方面，突破了不少禁锢（如复合辅音入诗等），有许多创新（如"字母律"向"音量律"过渡，新的"混合律"的提出等），为孟加拉文诗歌的发展作出了巨大贡献。

泰戈尔诗歌涉及的内容十分宽广，可以说无所不包。2008年，外语教学与研究出版社出版的《泰戈尔诗歌精选》分为六个分册——爱情诗、哲理诗、神秘诗、儿童诗、生命诗、自然诗，这不过是一种笼统概括的分类。有的诗歌既涉及生死，也阐述爱情，还很富有哲理，又颇具神秘色彩……如何分？古语云："诗言志。"泰戈尔的诗歌都是有感而发，往往寓意深刻，需要反复琢磨，才能理解其深邃意境。泰戈尔诗中的神秘主义并不神秘。他诗中提到的"神""主""心灵之主""王""万王之王""你""他""她"等等，无非就是笼而统之地指"Jeeban Devata"，即我们一般译为"生命之神"；如果仔细推敲，"Jeeban"远比"生命"的含义更广，可以是"生命"，也可以是"生灵"，也可以是"生活"，还可以是"人生"……总之一句话，诗人无时无刻不在告诫我们：应该珍惜生命！爱护生灵！快乐生活！认识人生！使自己的一生过得更有价值！

诗人将近而立之年(1890)创作了《心声集》，已开始用心声去探讨人生；后来在《齐德拉》(1896)诗集中又专门写了首"生命之神"的诗歌；将近不惑之年(1899)又通过精微的思索，创作了《微思集》，深刻地体悟到认识自我的重要。这以后的诗集，基本上都与"生命之神"这一主题相关，再如《祭品集》《献祭集》《渡口集》《吉檀迦利》（献歌集）、《歌环集》《颂歌集》……从这些诗集名称也可以知道：泰戈尔把自己的作品看作是献给"生命之神"的祭品，是在献祭、献歌，是在为神编织歌的花环，是在为生命之神唱赞歌。

泰戈尔一生勤奋刻苦，博采众长。外出求学和访问的时候，即使是在轮船上，也是分秒必争刻苦学习，勤奋写作，如《布罗比集》基本上是在去拉美途中的轮船上创作的。当19世纪英式十四行诗传入印度时，泰戈尔也进行大胆模仿，吸收消化，写作了一大批十四行诗，如1896年出版的《春收集》79首中就有近70首为十四行诗；1901年出版的《祭品集》100首中有近80首是十四行诗。还有，在访问我国和日本之后，受我国绝句、律诗和日本俳句的影响，泰戈尔更加大胆地开辟了孟加拉文学中的短诗领域。

泰戈尔善于体察生活，深思熟虑，领悟生活的甘苦，知道人生的真谛，创作出脍炙人口的诗篇。《微思集》是 1899 年出版的一种带有咏物性质的哲理诗集，当时正是诗人将近不惑之年，总结历代前人的经验教训，精微思索创作而成。共收集诗歌 110 首，全都是诗人精微的思索，瞬间思想火花的闪现。这类诗都很短小，长的 12 行，短的仅 2 行，可以说集中了他的哲理短诗的精华。

三、泰戈尔戏剧研究概述

泰戈尔不仅是一位诗人，而且是一位戏剧家。对于泰戈尔戏剧作品的地位，不同的读者会有不同的看法，但是泰戈尔自己认为，在他所创作的作品中，第一位的是诗歌，第二位的就是戏剧，再次才是小说，最后是散文。可见，泰戈尔是比较重视自己的戏剧作品的。泰戈尔一生共创作 80 多个剧本，其中有话剧、诗剧、歌剧、舞剧、滑稽剧等。从创作第一个剧本《破碎的心》起直到晚年，在 60 多年的创作生涯中，剧本写作几乎没有间断过。泰戈尔不但写剧本，而且亲自参加演出活动——扮演角色、指导排练。

《破碎的心》《蚁垤的天才》《岁月的狩猎》《大自然的报复》《虚幻的游戏》等剧本都属于泰戈尔早期的作品。

《破碎的心》是泰戈尔在 18 岁的时候创作的一部长篇诗剧，1881 年 6 月 23 日出版了单行本。《破碎的心》的献词——《我把你当作北极星》这首歌，是献给诗人的五嫂迦东波丽的。

《破碎的心》是用戏剧的形式写成的一部长篇叙事抒情诗，分为 34 章。《破碎的心》这部诗剧的情节并不复杂，主要讲述少男少女之间的爱情故事，其中很多章都是男女主人公的对歌，而叙述故事情节所占的分量并不多。

泰戈尔在《蚁垤的天才》（又译为《齐德拉》或《花钏女》）的序言中写道："《蚁垤的天才》是一部以歌为线串起来的戏剧，而《虚幻的游戏》则是以戏剧为线串起来的歌。……在《蚁垤的天才》里，从强盗们的残暴中揭示出他们内心的痛苦，这才是他们的自然人性，它被习惯的残暴所掩盖着。有一天，矛盾发生了，内在的人突然外露了。这矛盾是《大自然的报复》。一向隐藏在苦行者身上的人挣脱了束缚，在诗人的心中唱起了人的赞歌。在《虚幻的游戏》里，通过歌曲表现的短剧是：普拉摩达不知道自己性格中的傲慢，最后内心痛苦，打破了虚假的傲慢，成了真正的女性。《虚幻的游戏》从虚幻少女们那里传来谴责：

> 他们为了欢乐需要爱，却得不到爱，
>
> 欢乐只好走了，
>
> 这就是虚幻的骗局。"（卷16，P3）

上述这段精彩话语不仅点明了《蚁垤的天才》剧本的主题，而且还概括了另外两个剧本《大自然的报复》和《虚幻的游戏》所表达的主要思想。蚁垤本来是大史诗《摩诃婆罗多》的作者。印度的神话传说中讲到，蚁垤曾经是个强盗头子，后来经仙人点化，他开始念诵罗摩，因此他创造出大史诗《摩诃婆罗多》。泰戈尔就是以这段传说为基础，加上自己的想象，创造了剧本《蚁垤的天才》。该剧揭示了人性中善良的一面，也就是说，善良战胜了邪恶。年轻的诗人泰戈尔相信，善总会战胜恶的。

《大自然的报复》写于 1883 年，是一部共分为 16 场的诗剧。泰戈尔在《生活的回忆》中谈到《大自然的报复》时写道："它可以看作我后来全部文学创作的一个序曲，或者更确切地说，它就是我诗歌创作的唯一主题——在有限之中达到与无限结合的欢娱。"（卷 19，P241）可见，作者很看重这部诗剧。该剧描写一个修道士在山洞里苦修，企图摆脱尘世的羁绊和烦恼。后来一个小姑娘来到他的身边。小女孩无依无靠，没有任何亲人。于是修道士那已经泯灭了的同情、怜悯、慈爱之心又复活了。小女孩从他那里得到了慈父般的爱。小女孩称他为父亲，为他采集鲜花。可是他一直处于矛盾中，在离去和不离去之间徘徊。斗争的结果，他还是离开了小女孩。但当他再次醒悟，去找小女孩的时候，发现小女孩已经死了。修道士悲痛欲绝，唱起了悲歌。他感叹道：这是何等残酷的报复啊！

泰戈尔于 1885 年至 1907 年写了 15 个短小的剧本，实际是话剧小品。结集为《滑稽剧本集》。这些喜剧小品辛辣地讽刺和嘲笑了社会生活中的种种弊端，剧中的人物被刻画得惟妙惟肖，阅读每一部都会令人捧腹大笑。

在泰戈尔所创作的戏剧中，《牺牲》（*Bisarjan*，1890）、《赎罪》（*Praayashchitta*，1909）、《邮局》（*Dhaakghar*，1912）、《国王》（*Raajaa*，1910）、《摩克多塔拉》（*Mukddadhaaraa*，1922）、《独身者协会》（*Chirakumaar sabhaa*，1926）是最优秀的剧作。

《牺牲》是根据长篇历史小说《贤哲王》主要情节改编的一部五

幕无韵诗剧，也是深受人们喜爱的一部戏剧。这部剧曾经多次被搬上舞台演出并且获得了很大的成功。泰戈尔曾经亲自扮演过其中的两个主要角色罗库波迪和久伊辛赫。

善良正义与宗教偏见构成这部戏的主要矛盾冲突。该剧具备了现代戏剧的一些主要特点，例如，激烈的矛盾冲突、鲜明的人物形象等。祭司罗库波迪、寺庙的侍奉者久伊辛赫、女乞丐奥波尔娜、王后古诺波蒂、国王戈宾多玛尼克、国王的弟弟诺寇特罗拉伊、统帅诺庸拉伊等人物，都刻画得栩栩如生。

该剧的主要情节与小说基本相同，但还是有一些变化，增加了一些人物和情节。例如，增加了无子女的王后古诺波蒂这个角色。她希望通过杀牲祭祀，让女神赐予她后嗣，因而和祭司勾结在一起，反对国王；女乞丐奥波尔娜一直在爱恋着久伊辛赫。剧情的发展曲折跌宕，高潮迭起，扣人心弦；人物形象生动鲜明，极富个性。例如，公正善良、执法如山的国王，胆小如鼠而又利欲熏心的诺寇特罗拉伊亲王，虔诚善良、敢于牺牲自己的久伊辛赫侍者（他宁肯用自己的鲜血去祭祀女神，也不肯刺杀国王）等。无论从思想性还是艺术性上看，《牺牲》都是一部杰出的戏剧作品。

《赎罪》写于 1906 年，是作者根据长篇历史小说《王后市场》的主要情节重新创作的比较长的一部话剧（剧中也穿插少量的歌曲），是一部历史悲剧。全剧共分五幕三十二场和一个尾声。

泰戈尔通过这部历史剧愤怒地鞭笞了普罗达巴国王的残暴贪婪、毫无人性的丑恶灵魂，热情地讴歌了太子夫妇同情臣民百姓的疾苦、处处为别人着想的高贵品质，赞美了普通武士拉姆莫洪和西达拉姆一身正气、嫉恶如仇、救人于危难的美好品格。透过剧中人物的活动和对话，我们仿佛感受到了一种浩然正气与污浊邪气在进行抗争，结果邪气又占了上风。美丽善良的太子妃被毒死，厚道宽容的老王被诛杀，善待臣民的太子被废黜，心地纯洁的公主被抛弃——这种悲剧性的结局会使受者的心里萌生同情和愤怒，也会使受者感到人生的不平、世道的污浊，进而激发他们的反思和抗争。这大概就是这部历史悲剧所产生的艺术效果。

《邮局》也是泰戈尔的一部优秀戏剧。全剧分为三幕。主要人物是少年奥莫尔和他的姑父马特沃，还有医生、老大爷等。从这部剧本的故事看，似乎没有起伏跌宕的情节，更没有能够吸引读者的戏剧冲突，但是这个剧本具有象征性的意义。奥莫尔象征着被束缚的人性，而人性向往自由，渴望阳光、和风、空气。在这个病孩子奥莫尔的眼里，外面的世界生机勃勃，五彩缤纷，充满诗情画意。

另一个具有象征意义的剧本是《摩克多塔拉》，孟加拉文的意思是"自由的激流"。这是一部蕴含着深刻政治思想的作品。为了控制河流下游的黎民百姓，国王在河上修建了一个大水闸。这样一来，自由的激流被堵住了。于是下游的农田就没有水灌溉了。城里的居民为水闸的落成而庆贺。可是年轻的王子——幼年被捡来的西布特拉伊人的孩子——对受害的平民百姓很是同情。他决心为下游人民除掉这一人为的障碍，于是他毁掉了水闸，但是他自己在毁掉水闸的过程中牺牲了。

《独身者协会》也是一部比较长的话剧，共分五幕。它是泰戈尔于 1926 年根据他的长篇小说《天定情缘》改编而成的。泰戈尔在该剧里以讽刺的文笔批判了当时社会中存在的一种反人道的现象——独身不娶，并且通过戏剧的艺术形式向人们揭示出一个真理：男大当婚，女大当嫁——这是不可抗拒的自然规律；独身不娶是违反人性的，也是虚伪的、没有生命力的。同时作者还鞭笞了封建包办婚姻的遗毒，倡导自由恋爱的婚姻模式。

　　纵观泰戈尔的戏剧，我们发现至少有以下三个特点：第一，巧妙地利用传说故事，加之诗人的丰富想象，构筑戏剧的情节，表达剧作者的某种思想。第二，抒情性在泰戈尔的戏剧中占有很重要的地位。这一点很容易理解，因为他是抒情诗人。正是由于这个特点，我们外国读者有时会觉得泰戈尔一些戏剧中的人物的对话过于冗长，情节发展过于迟缓。第三，泰戈尔在自己的戏剧作品中大量运用象征的手法，在一些剧作中赋予某些人物、事物以某种象征意义或寓意。

四、泰戈尔小说研究概述

　　泰戈尔的小说，是最受读者欢迎的作品。短篇小说是泰戈尔整个著作中极为重要的一部分，成就非常突出。短篇小说一直是泰戈尔最喜爱的文学体裁之一。

　　16 岁时，他就发表了第一篇短篇小说《女乞丐》。20 世纪 90 年代，他创作了大量优秀的短篇小说。这种兴致经久不衰，直到他生命的最后几周。在短篇小说体裁刚在孟加拉文学中诞生不久的年代，泰戈尔创作大量诗歌、戏剧、长篇小说的同时，还创作了 96 篇短篇小说，这不能不算是惊人的硕果。

泰戈尔是孟加拉文学以及印度文学现实主义短篇小说的开拓者，是孟加拉短篇小说领域的一位大师。他的小说，大胆运用民间口语，给孟加拉文学语言带来了生动活泼的气息，促进了孟加拉现代文学语言的形成和发展。

《喀布尔人》《莫哈玛娅》《乌云和太阳》《一个女人的信》等作品，无疑都属世界短篇小说名篇之列。1912 年泰戈尔访问英国时，首先使英国文坛轰动的就是他的短篇小说《喀布尔人》。

泰戈尔创作的 96 篇短篇小说，题材广泛，内容丰富，主旨突出，爱憎分明。作家把古往今来的故事尽收眼底，但他那生花妙笔主要还是集中描绘了他所处时代的现实生活，即 19 世纪下半叶和 20 世纪前期印度城乡生活的各个侧面，描写了当时各阶层的不同人物。每当我们阅读这些小说时，眼前便会呈现出一幅色调斑斓、令人感愤的时代画卷。

作家描写了许多不幸的妇女被封建婚姻制度无情地吞噬了。《莫哈玛娅》是控诉寡妇殉葬的佳作。美丽多情的莫哈玛娅与情人约会时，被兄长撞见。她兄长为保持种姓的纯洁竟将妹妹嫁给一个垂死的老头。婚后的第二天，她便成了寡妇。狠心的哥哥又强迫她给丈夫殉葬。后来虽死里逃生，但烈焰已舔掉了她那俊俏面容。作品以奇巧的构思和细腻的描写，鞭笞了封建制度的罪恶。

泰戈尔对童婚恶习也进行了猛烈抨击。这种落后的风俗既有害于少女的身体，也有损于她们的心灵。《笔记本》中的乌玛年仅 9 岁就出嫁了。她不但失去了父母的宠爱，而且连学习用的笔记本也被没收。这是多么残忍的现实啊！

泰戈尔短篇小说涉及的面极为广泛。几乎每一篇都闪耀着作者人道主义精神的光辉。在他的小说作品中，到处可见真与假的搏击，善与恶的斗争，美与丑的对立，爱与恨的抗衡。作家总是旗帜鲜明地同情弱者，反对强权；褒奖真善美，贬斥假恶丑。他越是较完美地把爱和恨有机地结合起来，把人与人之间的友爱写得越真挚和深刻，就越能激起人们去憎恨那些破坏友爱的势力。

《喀布尔人》是作家以人道主义为主题的作品中最突出的篇章。一个穷苦的喀布尔小贩结识了一位富裕的孟加拉作家 5 岁的小女儿米妮。小贩把对遥远故乡独生女儿的爱，全部倾注在米妮身上。这种爱使他们跨越了年龄的鸿沟，成了无所不谈的好朋友，并持续了多年。在这篇作品里，泰戈尔把父女的感情和对穷人的同情完美地糅合在一起，挖掘和表现得极为深刻。爱与情的力量，消除了喀布尔和孟加拉之间遥遥的距离，也消弭了富有的作家和贫穷的小贩之间地位悬殊的差别，因为他们都是钟爱自己女儿的父亲！如此真情实感，怎么能不在人们心灵中唤起善良的感情呢？！

泰戈尔的中长篇小说的主题都是非常突出的，反映了他对事物的鲜明态度。泰戈尔始终高擎仁爱精神和公平正义这两面鲜明的大旗。《沉船》和《戈拉》是泰戈尔长篇小说中的代表作，也是集中体现他的仁爱思想的作品。他对封建残余、陈规陋习嫉恶如仇；对种姓制度、宗教偏见不屑一顾；对妇女低下的无权地位和悲惨处境，对贫苦民众和不幸的底层人民深表同情。

五、泰戈尔散文研究概述

泰戈尔一生创作了各种内容的大量散文。归纳起来，主要是关于文学、艺术、时政、社会、教育、宗教、哲学、婚姻、家庭等方面的内容。此外，他还写有大量回忆录、游记、书简。

关于文学艺术方面的散文著作有《古代文学》《民间文学》《现代文学》《文学的道路》《文学》《文学的本质》《韵律学》《什么是艺术》《艺术》《对歌曲的思考》《音乐》等。泰戈尔在这些著作中集中地表达了他对文学艺术的起源、本质、特点、文艺与生活关系的看法。他提出，文学就是展示美，展示自由，展示爱，展示和谐。在这种展示过程中必须注入作家自己的情感，这样创作出来的作品才会充满情味，才会感染读者和观众。

在泰戈尔看来，文学艺术要反映生活，但不是简单地复制生活，而是要高于生活，也就是要在反映生活的过程中掺入作家的情感和想象。这样文学艺术才能打动人，激励人，培养人的美好情操。泰戈尔还认为，文学艺术不是干巴巴地叙述事实，而是通过生动的人物形象来展示真善美；若想成功地展示真善美，就需要以假恶丑作为衬托。没有假，也就不能鲜明地展示真；没有恶，也不能够鲜明地展示善；没有丑，也就不能展示美。

在文学艺术创作领域，泰戈尔主张创作属于自己本民族的东西，他反对盲目地模仿，"蔑视一切的效仿照抄"。他说："我怀有这样的一个希望，现代孟加拉文学有一天会突然登上难以想象的发展高峰。……现在，英国文学、哲学、自然科学、国家学说严密地包围着我们，我们在这种包围的外面看不到什么东西。别人的东西完全吞噬了我们。当某一位天才的贤哲前来打破这种包围、解放我们的时候，当我们忽然感觉到模仿不是我们的唯一骄傲，我们会发现我们中间有这样一种任何别的民族都不具备的特殊力量的时候，当我们意识到我们不背诵英国经济学教科书也能够完成我们的教育的时候，当我们自己怀着自豪的喜悦实现团结一致，不会因为相互承认而感到羞愧的时候，在这种欢乐的日子里，在这种充满希望的日子里，在这种自豪的日子里，在这种团结的日子里，幸福的诗人就会在孟加拉邦唱起歌来，他的歌声就会在世界上获得成功。"（卷4，P758～759）

关于哲学宗教方面的作品主要有《五元素》《宗教》《人的达摩》《人的宗教》《正确地认识人生》《认识宇宙》《宗教—哲学》《基督》等；关于时政社会方面的作品有《印度》《国王与臣民》《祖国》《社会》《文明的危机》《合作社政策》《社会》《圣雄甘地》《乡村自然环境》等；关于教育方面的作品有《教育》《圣蒂尼克坦》《国际大学》《景修院的形式与发展》《圣蒂尼克坦梵学院》等；回忆录有《生活的回忆》《童年》《自我介绍》等；游记有《旅欧书札》《旅欧日记》《日本旅游记》《在波斯》《西方旅游日记》《旅途文萃》等；书信集有《旅日书简》《日本的来信》《俄国书简》《爪哇旅游书简》《书信集》等。

诗人在不同时期针对各种问题撰写了数量浩大的散文作品。这些作品直接地表达了他对人类社会各种问题的看法，抒发了自己的情怀，也记录了他一生的活动轨迹。透过他的散文作品，我们仿佛看到了一位知识渊博、胸襟坦荡、光明磊落、仗义执言、热爱生活、关心人类命运、品德高尚的伟大天才作家的形象。

他的散文作品几乎涉猎了人类社会生活的所有领域，而且坦率地讲述自己的观点和看法。更难能可贵的是他的很多观点具有超前性、科学性、预见性。可见他视野开阔，知识渊博。

综观泰戈尔的一生，我们可以公正地说，他不仅是印度人民的伟大儿子，也是全世界人民的忠诚朋友。我作为泰戈尔的研究者和译介者，深深地受到他的人格和作品的感染和熏陶，因此，我由衷地热爱这位伟大的诗人、小说家、戏剧家、散文家和绘画艺术家，由衷地感谢他给人类留下了一大笔丰厚的文化遗产——33 卷《泰戈尔作品全集》、19 卷《书信集》和上千首歌曲及大量的绘画作品。我们要学习他那种锲而不舍的学习、孜孜不倦的创作精神，学习他那种正直公道、敢于仗义执言的品格，学习他那种关爱人类命运的博大胸怀！

2016 年董友忱教授《泰戈尔作品全集》发布会

"泰戈尔在我心中"有奖征文比赛中的优秀征文

于 2012 年和 2014 年结集出版了两本 《泰戈尔落在中国的心》

2019 年 1 月 27 日，《齐德拉》在深圳演出

《齐德拉》在孟加拉国演出，中国驻孟加拉国大使馆临时代办刘振华和演员合影留念

孟加拉国达卡大学校长阿卡特瑞扎曼教授和魏丽明教授、石景武译审亲切交流

孟加拉国国家艺术院泰戈尔戏剧工作坊

《齐德拉》演出

《齐德拉》演出后孟加拉国文化部国务部长卡利德先生致辞

PART 4

泰戈尔经典名段
选摘

泰戈尔是近代印度最杰出的诗人，也是所有时代世界上主要的诗人之一。他不仅是一位诗人，而且还是一位杰出的戏剧家、小说家、散文家、作曲家、歌唱家、画家、社会活动家和教育家。他在文学诗歌、戏剧、中长篇小说、短篇小说等文学领域都同样展现出惊人的才华。他把自己的孟加拉文诗歌翻译为英文版《吉檀迦利》，并于 1913 年获得了诺贝尔文学奖。他一生创作了很多文学作品，其中有诗集 60 多部、剧本 80 多部、短篇小说 96 篇、中长篇小说 15 部，还有大量的散文和游记。1924 年 4 月 12 日至 5 月 30 日间，他第一次访问了中国，游历了中国 6 个大城市，1929 年他再次访问中国，住在上海徐志摩的家里。泰戈尔是中国人民的真诚朋友。以下摘选他的部分经典原文片段，以飨读者。

কত লোক ধুলোবালি চাপা পড়ল, কত লোক বন্যায় ভেসে গেল।

　　无数的生命埋葬在坍塌的泥沙里，无数的生命被湍急的奔流卷得无影无踪。（石真 译）

কোটপালের কাছ থেকে আলো সংগ্রহ করে'আনিগে।

　　我们到村寨里的更夫那里找个灯来再说。（石真 译）

রাজবাড়িতে ঐ যে বন্দীরা দিনাবসানের গান ধরলে।

宫门的阁楼上传出了晚歌声。（石真 译）

ভিক্ষা ও উপার্জনা

বসুমতি, কেন তুমি এতই কৃপণা,

কত খোঁড়াখুঁড়ি করি পাই শস্যকণা।

দিতে যদি হয় দে মা, প্রসন্ন সহাস ----

কেন এ মাথার ঘাম পায়েতে বহাস।

বিনা চাষে শস্য দিলে কী তাহাতে ক্ষতি ?

শুনিয়া ঈষৎ হাসি কন বসুমতি,

আমার গৌরব তাহে সামান্যি বাড়ে,

তোমার গৌরব তাহে দাহে নিতান্তই ছাড়ে।

কণিকা, রবীন্দ্র-রচনাবলী, তৃতীয় খণ্ড, ৫৭ পৃষ্ঠা

乞讨与劳作①

只有耕种，你才让我有收获，

———————————

① 第 1 ～ 8 首小诗为董友忱译自《微思集》。——作者注

土地啊，为何你如此吝啬？

啊，母亲，请你开心地施舍！

为什么一定要我汗流浃背地劳动？

不去劳作而获得粮食有什么不妥？

"那样做，"土地微笑着说，

"虽然会增加一点儿我的声誉，

但是你的荣耀就会走脱。"

উচ্চের প্রয়োজন

কহিল মনের খেদে মাঠ সমতল,

হাট ভ'রে দিই আমি কদ শস্য ফল।

পর্বত দাঁড়ায়ে রন কী জানি কী কাজ,

পাষানের সিংঘাসনে তিনি মহারাজ।

বিধাতার অবিচার, কেন উঁচুনিচু

সে কথা বুঝতে আমি নাহি পারি কিছু।

গিরি কহে, সব হলে সমভূমি-পারা

নামিত কি ঝরনার সুমঙ্গলধারা?

কণিকা, রবীন্দ্র-রচনাবলী, তৃতীয় খণ্ড, ৫৭ পৃষ্ঠা

需要巍峨

广阔的平原愤愤地说："市场上
　摆放着我的粮食和水果。
雪山巍峨——不晓得他在做什么，
　他是大王坐在玉石宝座。
　造物主怎么这样不公？
　此事我实在无法理解。"
雪山回答说："如果我也那样平坦，
　哪里还有赐福的瀑布江河？"

প্রকারভেদ

বাবলাশাখারে বলে আম্রশাখা, ভাই,

উনানে পুড়িয়া তুমি কেন হও ছাই ?

হায় হায় সখী, তব ভাগ্য কী কঠোর !

বাবলার শাখা বলে, দুঃখ নাহি মোর।

বাঁচিয়া সফল তুমি, ওগো চূতলতা,

নিজেরে করিয়া ভস্ম মোর সফলতা।

কণিকা, রবীন্দ্র-রচনাবলী, তৃতীয় খণ্ড ৫৮ পৃষ্ঠা

圆满主义者：泰戈尔

不同的作用

芒果树对灌木说："啊，老兄，
你为何甘愿化作灰烬于灶膛之中？
唉，朋友，你可真命苦啊！"
灌木说道："我并不痛苦悲鸣。
芒果树啊，你活着是为了结出果实，
而我将自己烧成灰烬，就是我的成功。"

মূল

আগা বলে, আমি বড়ো , তুমি ছোটো লোক।

গোড়া হেসে বলে , ভাই , ভালো তাই হোক।

তুমি উচ্চ আছ ব'লে গর্বে আছ ভোর ,

তোমারে করেছি উচ্চে এই গর্ব মোর।

কণিকা, রবীন্দ্র-রচনাবলী, তৃতীয় খণ্ড, ৪৯ পৃষ্ঠা

树　根

树梢对树根说："我高大，你矮小。"
树根笑着说："兄弟，这样很好。
因为你在高处，所以你很骄傲，
我为把你举高而感到自豪。"

কৃতীর প্রমাদ

টিকি মুণ্ডে চড়ি কহে ডগা নাড়ি,

হাত-পা প্রত্যেক কাজে ভুল করে ভারি।

হাত-পা কহিল হাসী, হে অভ্রান্ত চুল,

কাজ করি আমরা যে তাই করি ভুল।

কণিকা, রবীন্দ্র-রচনাবলী, তৃতীয় খণ্ড, ৬১ পৃষ্ঠা

忙碌的过错

头上的一绺头发颤悠悠地说：
"手脚每天做事，犯的错误可真多。"
手脚微笑道："噢，不犯错误的头发呀，
因为我们做事，所以才会出错。"

প্রভেদ

অনুগ্রহ দুঃখ করে, দিই, নাহি পাই।

করুণা কহেন, আমি দিই ,নাহি চাই

কণিকা,কণিকা, রবীন্দ্র-রচনাবলী,

তৃতীয় খণ্ড, ৬৩ পৃষ্ঠা

差 别

恩宠伤心地说："我总给予，却无回报。"

怜悯却说："我只付出，而不索要。

馈赠给我爱的快乐。"

दীনের দান

মরু কহে, অধমেরে এত দাও জল,

ফিরে কিছু দিব হেন কী আছে সম্বল ?

মেঘ কহে, কিছু নাহি চাই, মরুভূমি,

আমারে দানের সুখ দান করো তুমি।

কণিকা, রবীন্দ্র-রচনাবলী, তৃতীয় খণ্ড, ৬৪ পৃষ্ঠা

贫困者的报答

"你降下充沛的雨水，"荒漠说，

"我如何来报答你的大恩大德？"

雨云说："我什么都不需要，荒漠，

你正在长出我要的绿色快乐。"

বাঁশি

ওগো,শোনো কে বাজায় !

বনফুলের মালার গন্ধ বাঁশির তানে মিশে যায় ।

অধর ছুঁয়ে বাঁশিখানি   চুরি করে হাসিখানি,

বঁধুর হাসি মধুর গানে প্রাণের পানে ভেসে যায় ।

অগো, শোনো কে বাজায় !

কুঞ্জবনের ভ্রমর বুঝি বাঁশির মাঝে গুঞ্জরে,

বকুলগুলি আকুল হয়ে বাঁশির গানে মুঞ্জরে ।

যমুনারই কলতান কানে আসে ,কাঁদে প্রাণ,

আকাশে ওই মধুর বিধু কাহার পানে হেসে চায় !

অগো, শোনো কে বাজায় !

কড়ি ও কোমল, রবীন্দ্ররচনাবলী প্রথম খন্ড, ১৮৯ পৃষ্ঠা

竹 笛[①]

喂，你听，谁在吹奏竹笛！
林花的芬芳与笛声的旋律融为一体，
竹笛一旦触及嘴唇，微笑即被盗去。
情人的微笑伴着甜蜜的歌声

---

① 《竹笛》为董友忱译自《刚与柔》集。——编者注

圆满主义者：泰戈尔

向心灵的深处漂移。

喂，你听，谁在吹奏竹笛！

灌木丛中的蜜蜂伴着笛声嗡嗡鸣啼，

巴库尔树丛听到笛声也激动地绽现花姿，

朱木拿河的潺潺水声传入耳中，

犹如心灵在哭泣，

天上的明月向何人微笑凝视？

喂，你听，是谁在吹奏竹笛！

সু-সীমো

সাধারণত একজাতি অন্যজাতির কাছে রাজদূত প্রেরণ করেন । তাঁরা হন রাজনীতিবিদ; রাজনীতিবিদ। এ-সকল ব্যবসাদাররা যান লাভের জন্য,অর্থের জন্য; তাঁরা যে বন্ধন বাঁধেন সে বাঁধন হচ্ছে রাজনীতির বাঁধন ।কোনো জাতিই অন্য জাতির কাছে কবিদূত। পাঠান না; কিন্তু আমি গিয়েছিলাম তোমাদের দেশে কবিদূত হয়েদ ভারতবর্ষ আর চীনের মধ্যে সখ্যের বাঁধন বাঁধতে; লাভ নয়, অর্থ নয়, রাজ্য নয় , আমি চেয়েছিলাম প্রীতি । তোমরা আমাকে আদরে আত্মীয় বলে গ্রহণ করে নিয়েছিলে তার জন্যে আমি কৃতজ্ঞ। আমি যে য়ুরোপে যশলাভ করেছি বা নোবেল পুরস্কার পেয়েছি তার জন্যে তোমরা আমাকে অভ্যর্থনা কর নি; তোমাদের একান্ত আত্মীয়রূপেই তোমরা আমাকে কাছে টেনে নিয়েছিলে । তোমাদের দেশের সব জায়গাতেই আমি এই সহজ অভ্যর্থনা লাভ করেছিলেম।

বহু প্রাচীন যুগ হতেই ভারতবর্ষ ও চীনের মধ্যে যে অতি নিবিড় সখ্যের সম্বন্ধ ছিল আমি তোমাদের দেশে গিয়েছিলাম তাকেই নূতন করে জাগাতে ।ঘটনাচক্রের আবর্তনে এই যোগসূত্রটি ছিন্ন

হয়ে গিয়েছিল। এ যোগসূত্র যাঁরা অতীতকালে একদিন বেঁধে দিয়েছিলেন তাঁরা রাজনীতিক ছিলেন না —তাঁদের পিছনে পিছনে অস্ত্রধারী সৈন্য ছিল না —তাঁরা গেয়েছিলেন তাঁদের সাধনার সম্পদ নিয়ে।

আমি তোমাদের দেশের নানাজায়গায় গুহা দেখেছি, যেখানে সে যুগের সাধকরা দিনের পর দিন সাধনায় কাটিয়েছিলেন। তোমাদের দেশে গিয়ে আমার যেন জন্ম-জন্মান্তরের স্মৃতি জেগে উঠেছিল।—আমার মনে হয়েছিল যেন এই সাধকেরাই আমার মধ্যে নব জীবন লাভ করে এ যুগের কবিদূতরূপে তোমাদের কাছে আবার গিয়েছেন।

তোমাদের সহজ প্রীতির সেই সুন্দর অভ্যর্থনা আমি চিরদিন ও স্মরণ করে রাখবে। বিশেষ করে তোমার কথা। আমার মনে পড়ে যেদিন তুমি আমার কাছে প্রথম এসেছিলে। একান্ত সহজভাবেই তুমি এসেছিলে --আমার পরম আত্মীয়রূপে। সেদিন আমি কামনা করেছিলাম আজ যে- প্রীতি তোমার ও তোমার দেশের কাছে থেকে আমি পেলাম যেন ভবিষ্যতে তোমাকে আমাদের মাঝে পেয়ে সেইভাবে আত্মীয়রূপে একদিন অভ্যর্থনা করে নিতে পারি।

আজ তুমি এখানে আমাদের কাছে এসেছ। আশ্রমের সকলের পক্ষ থেকে আমাদের প্রীতি আজ আমি তোমাকে জ্ঞাপন করছি। এ আমার আশ্রম ;এখানে আমি শুধু কবি নই ,এখানে আমি বস্তুকে সৃষ্টি করতে চেষ্টা করছি। তোমাদের দেশে আমাকে যে রূপে দেখেছিলে সে রূপ শুধু আমার কবিরূপ। সেটা আমার জীবনের একটি বড়ো প্রকাশ হলেও সেটা আংশিক।এখানে তুমি আমাকে পূর্ণতররূপে আমার নিজের সত্য আবেষ্টনের মধ্যে দেখবে।এখানে দেখবে কবি কীরূপে তার স্বপ্নকে বস্তুরূপে প্রত্যক্ষ করবার সাধনা করছে।

এই আশ্রমে আমরা সমগ্র বিশ্বকে নিমন্ত্রণ করেছি ;সমস্ত বিশ্ব এখানে আমদের অতিথি ; তুমি আমাদের আশ্রমের এই সখ্যের বাণী বহন করে তোমাদের দেশে নিয়ে যাবে এই আমার কামনা।

প্রবাসী

পৌষ ১৩৩৫

রবীন্দ্ররচনাবলী (সুলভ সংস্করণ), আষ্টাদশ খণ্ড, ১৪৬-১৪৭ পৃষ্ঠা

徐 志 摩

一般来说，一个国家向另一个国家都是派遣国家使节。他们都是政治家；所有这些政治商人们前往外国都是为了获利，为了钱财；他们结成的纽带是政治的纽带。任何一个国家也不会向另一个国家派遣诗人使者；但是我却作为诗人使者，访问了你们的国家，为了在印度和中国之间缔结友谊的纽带；我不要获利，不要钱财，不是为了国事，我只需要友谊。你们亲切地把我作为亲人予以接待，为此我很感激。你们并不是因为我在欧洲获得了荣誉，或者说，因为获得了诺贝尔奖才欢迎我；你们把我完全当成了你们的亲人一样欢迎我。在你们国家的所有地方我都受到了这种朴实的欢迎。

从很多世纪前的古代开始，印度和中国之间就存在着非常亲密的友好关系，我来到你们的国家，就是为了重新唤醒这种亲密友好的关系。由于历史事件车轮的演变，这条友好的纽带中断了。在过去的时代里，缔结这条纽带的人们并不是政治家——在他们的背后并没有手持武器的士兵——他们是带着他们修行的宏愿前往中国的。我在你们国家各个地方都看到了山洞，那个时代的修行者们正是在那里一天又一天地进行修行的。来到了你们国家，我前生往世的记忆仿佛被唤醒了，我仿佛觉得，这些修行者们在我的身上获得了新生，作为这个时代的诗人使者，我又来到了你们的身边。我会永远牢记你们那种朴实无华的友好款待。我特别会记住你的。我记得，那一天，你第一次到我身边来。你非常自然地来了——作为我最亲近的人。那一天我就期望，如今我从你和你的国家获得的友爱，在将来我会在我们中间接到你的，那时我也会同样把你作为亲人加以款待。今天你来到了我们这里。我今天代表静修院的所有人向你表达友爱之情。这里是我的静修院；在这里，我不仅是个诗人，而且在这里，我还在努力创造事物。在你们的国家，你们只是看到了我作为诗人的形象。那尽管是我生命中一种比较多的体现，但那只是一部分。在这里，在我自己真实的环境中你对我会看得更加全面。在这里，你将会看到，诗人是怎样将他的梦想化为现实的。在这个静修院里我们向全世界发出了邀请；在这里全世界的人都是我们的客人；我希望，你能够把我们静修院的友好信息带回你们的国家。

《侨民》1929 年巴乌沙月号 （石景武 译）

মোহনদাস করমচাঁদ গান্ধী

আমাদের দেশের উপর সবচেয়ে বড়ো শক্র প্রভুত্ব করিতেছে, তাহা হইতেছে অজ্ঞতা ও কুসংস্কার। জাতিভেদের গোঁড়ামি ও ধর্মের অন্ধতা। সসমুদ্রপারের যে প্রভুত্ব বিদেশীদের মধ্য দিয়া

আমাদের উপর শাসন করিতেছে ,এই সমস্ত অজ্ঞতা ও কুসংস্কারের বিদ্বেষ তাহার অপেক্ষা অনেক বেশি কঠোরতর । এই-সমস্ত অমঙ্গলের যতদিন মূলোচ্ছেদ না হইবে, ততদিন আমরা ভোটের অধিকার ও সুবিধা লাভের প্রত্যাশায় যতই বিবাদ করি না কেন, প্রকৃত স্বাধীনতা আমরা কিছুতেই পাইব না । মহাত্মা গান্ধী আমাদিগকে এক নবতর জীবনের শক্তি এবং স্বাধীনতা লাভের এক দৃঢ়তর সংকল্পের সাহস দিয়াছেন –আজ সেই গান্ধিজীর জন্মতিথিতে আমাদিগকে এই কথাগুলিই স্মরণ রাখিতে হইবে । অবশ্য আমরা অনুভব করিতেছি যে, মহাত্মাজী তাঁহার ব্যক্তিগত নৈতিক জীবনের প্রচণ্ড শক্তির দ্বারা সমস্ত দেশের মধ্যে যে আন্দোলন সৃষ্টি করিয়াছেন এবং ঔদাসীন্য ও আত্মবিস্মৃতির পথ হইতে দুর্জয় সংকল্পের পথে টানিয়া আনিয়াছেন , তাহা একান্তভাবে তাঁহারই সৃষ্ট আন্দোলন ; তথাপি আমরা আশা করিতেছি যে ,সমগ্র জাতির নিদ্রিত মনের এই জাগরণের ফলে ভারতকে সমস্ত সামাজিক দুর্গতি হইতে উদ্ধারের জন্য সাহায্য করিবে এবং ভারতের পূর্ণতা লাভের পথে যে বাধা আছে তাহা দূর হইয়া যাইবে ।

আনন্দবাজার পত্রিকা

১৬ আশ্বিন ১৩৩৮

莫罕达斯·卡拉姆昌德·甘地

　　一个最大的敌人在奴役着我们，它就是无知和迷信、种姓差别的固执和宗教的盲目。大洋彼岸的奴役通过外国人对我们进行统治，所有这些无知和迷信的凶恶程度比起那个统治来严重得多。所有这些不吉利的东西一天不被根除，在获得选举权和便利的期望中，不管我们进行多少争论，我们就一天不能完全获得独立。圣雄给予我们一种新生命的力量和获得独立的坚定决心和勇气。今天，值此纪念圣雄诞辰日之际，我们应该要记住这些话。当然，我们已经感到，圣雄借助于他个人生命的巨大道义力量，在全国掀起了一场运动，将人们从冷漠的状态和自我迷茫的道路上吸引到那条不可战胜的决心之路上来，这完全是他掀起的一场运动；然而，我们希望，这种全民族沉睡之心的觉醒，将有助于把印度从全社会的灾难中拯救出来，并且也会有助于扫除印度获得圆满解放的道路上的障碍。

《欢乐市场报》1931 年阿什温月 16 日 （石景武译）

রামমোহন রায়

রামমোহন রায় যে সময়ে জন্মগ্রহণ করিয়াছিলেন, আমাদের জাতিয় ইতিহাসে সে এক অতি অগৌরবময় অধ্যায়। দেশের চারি দিকে তখন কুসংস্কার, ধ্বংসপ্রবনতা ও বিশৃঙ্খলা বিরাজ করিতেছিল। যুক্তিহীনতা সত্য ও প্রেমের আলো আচ্ছন্ন করিয়া রাখিয়াছিল। আমি ভাবিয়া বিস্মিত হইয়া যাই যে ভারতের ইতিহাসের এই সর্বাপেক্ষা অবনতির কালে কী করিয়া রাজা রামমোহনের মতো এমন একজন অসাধারণ মানুষের অভ্যুদয় হইয়াছিল।

আজ পর্যন্ত ভারতে অমিল ও অনৈক্যের দৃষ্টান্ত বর্তমান। ইহা ভারতের দুর্ভাগ্যেরই পরিচায়ক। ভবিষ্যদ্রষ্টার দূরদৃষ্টিসহকারে তিনি তাঁহার অসাধারণ ব্যক্তিত্ব লইয়া সজোরে এই সকল কুসংস্কার প্রভৃতির মূলে আঘাত করিয়াছিলেন এবং হিন্দু, মুসলমান ও খৃস্টানগণের সংস্কৃতিগত পার্থক্য সত্ত্বেও তাহাদিগের মধ্যে সমন্বয়ের পথনির্দেশ করিয়াছিলেন।

রামমোহন রায় ভারতের নবযুগের প্রবর্তক। যে সকল ঋষি যুগ যুগ ধরিয়া ভারতকে নব প্রেরণা ও বল জোগাইয়াছেন, তিনি তাঁহাদের মধ্যে অন্যতম। কুসংস্কারের অন্ধ তমসা দূরীকরণে তিনি আপন শক্তি নিয়োজিত করেন। তিনি শুধু মানবে মানবে হনে, জাতিতে জাতিতে ভ্রাতৃত্ববোধে বিশ্বাসবান ছিলেন এবং এই বোধই তাঁহাকে প্রাচ্য ও পাশ্চাত্যের মধ্যে মৈত্রী সাধনে সচেষ্ট করিয়াছিল।

বর্তমান যুগের সর্বশ্রেষ্ঠ মানব রামমোহন রায়কে নমস্কার।

আনন্দবাজার পত্রিকা

১৩ আশ্বীন, ১৩৪৩

রবীন্দ্ররচনাবলী (সুলভ সংস্করণ), আঠাদশ খণ্ড, ১৩৬ পৃষ্ঠা

拉姆莫洪·拉伊

拉姆莫洪·拉伊诞生的那个年代，是我们民族历史的非常不光彩的一页。当时，国家的四面八方存在着迷信、灭亡的倾向，到处是一片混乱。毫无理性把真理和友爱的光芒掩盖住了。想一想我都会感到吃惊，在印度历史的这个最没落的时代里，怎么会出现像拉姆莫洪这样一位不平凡的人物呢？

直到今天，分歧和不团结在印度还比比皆是。这正是印度不幸的象征。他借助于预言家的远见卓识，以他不平凡的人格魅力，向所有这些迷信的要害处猛烈地一击，并且尽管印度教徒、穆斯林和基督教徒之间存在着文化差异，但是，他指引了一条在他们之间实现和谐的道路。

拉姆莫洪·拉伊是印度新时代的缔造者。所有那些先贤们一代又一代地给予了印度以新的激励和力量，他是他们之中的一员。他在盲目黑暗中倾尽全力扫除一切迷信。他不仅仅在人与人之间，而且在各个民族之间倡导兄弟情谊，正是他的这种感情促使东西方之间的友好融合，他为此付出了努力。 向现代最杰出的人拉姆莫洪·拉伊致敬。

《欢乐市场报》1936 年阿什温月 13 日 （石景武译 ）

参 考 文 献

王邦维、谭中主编、魏丽明副主编.泰戈尔与中国［M］.北京：中央编译出版社，2010

魏丽明等著."万世的旅人"泰戈尔——从湿婆、耶稣、莎士比亚到中国［M］.北京：中央编译出版社，2011

泰戈尔.泰戈尔作品集［M］.北京：人民文学出版社，1961

董友忱.诗人之画——泰戈尔画作欣赏［M］.上海：中西书局，2011

唐仁虎等.泰戈尔文学作品研究［M］.北京：昆仑出版社，2003 年

谭中与耿引曾（谭与耿）.印度与中国——两大文明的交往与激荡［M］.北京：商务印书馆，2006

季羡林.中印文化交流史［M］.北京：新华出版社，1991

王树英选编.季羡林论中印文化交流［M］.北京：北京新世纪出版社，2006

张敏秋主编.跨越喜马拉雅障碍：中国寻求了解印度［M］.重庆：重庆出版社，2006

魏丽明编选.泰戈尔研究文集［M］.南京：译林出版社，2019

魏丽明等.泰戈尔学术史研究［M］.南京：译林出版社，2019

薛克翘，唐孟生，唐仁虎，姜景奎.印度近现代文学（上下卷）［M］.北京：昆仑出版社，2013

泰戈尔.泰戈尔作品集［M］.北京：人民文学出版社，1961

刘安武、白开元、倪培根.泰戈尔全集［M］.石家庄：河北教育出版社，2000

罗宾德罗纳特·泰戈尔：泰戈尔作品全集.董友忱主编，董友忱等译.北京：人民出版社，2015

后　记

本书的写成，一气呵成，凝聚了疫情期间的所有印记。

一直希望有机会写一本有关泰戈尔的普及读物，一本孟加拉文和中文对照的泰戈尔教材，一本呈现国内几代学者、译者、读者对泰戈尔研译读的相关文字……从 2011 年到现在，一直心存希望。感谢伊静波先生和华中科技大学出版社的信任，书稿虽然不尽如人意，总篇幅由二十余万字浓缩成十万字。但提交之时，还是有"梦想还是要有的，万一实现了呢"的喜悦。

1998 年从印度留学归来，近 25 年来，笔者参著了《泰戈尔文学作品专题研究》一书，作为主编之一主编了中英文版《泰戈尔与中国》《泰戈尔落在中国的心》《"万世的旅人"泰戈尔》《泰戈尔学术史》《"理想之中国"——泰戈尔论中国》。之后又陆陆续续跟进了和泰戈尔相关的各类活动，直至近日收到油墨飘香的《东方文学研究集刊》第十集，这次集刊收入"泰戈尔诞辰 160 年纪念专栏"，集刊中收入老中青三代学者的研究论文。

2011 年，笔者在燕园开设了全校本科生通选课"泰戈尔导读"，和学生们一起沉浸于泰戈尔世界的丰富多彩之中。笔者多次到印度和孟加拉国参加纪念泰戈尔的活动并收集到大量的资料，切身感受到泰戈尔作品的博大精深和丰富深刻，一次次地感动于泰戈尔对于孟加拉人民和世界的影响和意义，也日益感受到热爱泰戈尔的读者和学者们对泰戈尔的了解逐渐接近真实的泰戈尔，渴望走进他的心灵世界。

近年来，笔者一直梦想编写一本和由泰戈尔创办的印度国际大学使用的《泰戈尔导读》教材相呼应的中文教材，最好附上泰戈尔的孟加拉文和中文的对照版，希望这样的读物可以供母语为孟加拉文且准备学习中文的学生以及国内学习孟加拉文的中国学生参考，呈现国内几代泰戈尔作品译者的译文。这一次本书入选阅读世界文学巨匠系列，编排体例中正好有经典名段选摘部分，可以提供原文和译文对照版。我和国内开设孟加拉文专业和相关课程的高校联系，老师们都希望借这次难得的机会，为有兴趣的读者提供一次深度感受孟加拉文魅力的机会，为孟加拉文专业同学们提供一份学习资料。

我们为此和出版社商量，希望借这次难得的机会，由孟加拉文专业的老师们一起合作编写这本国内第一次从泰戈尔母语孟加拉文版本研究泰戈尔作品，并呈现泰戈尔母语，有助于国内外研习孟加拉文和中文的读者学习，兼具普及性和学术性的书。最为开心的是出版社认可了我们的写作意图，也鼓励我们按照需要做相应的编排。之后就有了这本孟加拉文和中文融合为一体的书。作为第一作者，笔者开始和老中青三代研究者，以及即将与孟加拉文结缘一生的老师们联系，他们也深受鼓舞，大家一呼百应，出谋献策。我指导的学生，他们的硕士论文和博士论文借助孟加拉文，以泰戈尔为研究对象，也乐于把自己的学术成果收入这本普及读物中。由于泰戈尔的作品和研究成果汗牛充栋，这本小书肯定无法穷尽泰戈尔的魅力，但"滴水见太阳，小事显真情"，本书的作者们希望以此书为一个契机，和更多的读者结缘，从泰戈尔的作品中去感受他大爱无疆的精神，体悟他伟大的人格魅力、对人性的坚定信心……从泰戈尔的世界汲取力量，去争取光明的未来。

本书作者分别来自中央党校（董友忱）、中央广播电视总台（石景武、白开元、杨伟明）、北京大学（魏丽明）、新华社（贾伊宁）、中国社会科学大学（吴鹏）、天津市委宣传部（吴宇轩）、北京外国语大学（李源毓）、云南民族大学（叶倩源、甘露婷）、云南大学（字航涛）、广东外语外贸大学（冯子昕、鹿梦琪）、山西师范大学（贺晓璇）。本书由我和云南民族大学叶倩源老师一起组稿，她认真、负责，协助我和出版社多方联系，参与编辑、统稿和孟加拉文校对，作为云南民族大学孟加拉语专业的老师，她毕业于印度国际大学孟加拉语学院，也因为她对孟加拉语的热爱，使我有了进一步努力的信心：正如在黑暗中低头跋涉的人，突然抬头，看见了漫天的星辰；她对孟加拉语学科建设的远景展望，也使我对谚语"独行速，众行远"有了更深切的理解。

以下是本书各部分内容所对应的作者。

为什么今天我们还要读泰戈尔？（魏丽明）

PART1 泰戈尔的一生（董友忱 石景武 甘露婷）

我们的文字都试图从不同角度给读者呈现自己研读泰戈尔作品的感受，作为第一作者，笔者通读汇总的文字，按照出版社的建议，做了增、删、取、舍的统稿工作，努力加入一些新材料、新观点，细心的读者可以发现，我们收入的篇章力图从不同角度切入，从宏观到微观、结合具体文本，聚焦具体作品，给读者提供理解泰戈尔及其作品的不同视野，从泰戈尔具体文本出发，和读者分享研读泰戈尔作品的快乐，也希望读者中有新的未来的泰戈尔研究者，大家一起从不同的文本，尤其是孟加拉文文本，研究泰戈尔的作品，"愈练愈精，默识揣摩，渐至从心所欲"，遨游于泰戈尔的精神世界。本书的作者们都深深被泰戈尔所追求的圆满主义精神所吸引，也为泰戈尔充满神奇魅力的一生所感动，为此把书名定为："圆满主义者：泰戈尔"。我们认为，泰戈尔是世界各国人民共同的精神财富，也希望泰戈尔具有无限阐释空间和深刻矛盾的人生和作品能给读者们带来阅读的愉悦、精神的启迪和境界的提升。

泰戈尔对于世界的意义，正如印度学者所说的："不追随泰戈尔是不可能的，追随泰戈尔也是不可能的。" 最近孟加拉国成立了泰戈尔大学，这所大学的首任校长，也是达卡大学孟加拉文系教授比斯瓦吉德·高士（বিশ্বজিৎ ঘোষ，1957—）感慨万千地说道："'泰戈尔之树'的树根不可避免地嵌入我们生活的深处。泰戈尔独特的生活哲学、浩瀚的文学创作宝库和开明的世界观在跨越一个多世纪的时间里一直感动、吸引、启发和激励着孟加拉人。" 重读十二年前的文字，好像还可以描述此刻的心情：

越了解泰戈尔，越走近泰戈尔的世界，越发现泰戈尔如帕德玛河、印度河和恒河般丰富深刻，泰戈尔的世界不是我们的解读，更不是我们这本书可以穷尽的，但我们希望通过我们的阅读和参与，能够在某种意义上丰富和发展并接近泰戈尔本体，展现我们对泰戈尔的理解和共鸣，同时也呈现我们作为阐释主体的真诚和接近泰戈尔本体的努力。